# Cómo
## con las Mujeres

*Consigue que Le Gustes Sin Esfuerzo, con una Conversación Divertida y ¡Nunca Te Quedes Sin Nada que Decir!*
*Cómo Acercarse a las Mujeres (Consejos De Citas para Hombres)*

**Ray Asher**

# © Copyright 2020 - Todos los derechos reservados.

Este contenido se proporciona con el único propósito de ofrecer información pertinente sobre un tema específico para el que se ha hecho todo lo posible por garantizar que sea exacto y razonable. No obstante, al adquirir este contenido consientes el hecho de que el autor, así como el editor, no son en modo alguno expertos en los temas aquí mencionados, independientemente de las afirmaciones como tales que puedan hacerse dentro. Por lo tanto, cualquier sugerencia o recomendación que se haga en este documento se hace únicamente con fines de entretenimiento. Se recomienda que siempre consultes a un profesional antes de emprender cualquier consejo o técnica que se discuta en este documento.

Se trata de una declaración jurídicamente vinculante que tanto el Comité de la Asociación de Editores como la Asociación de Abogados de los Estados Unidos consideran válida y justa y que debe considerarse jurídicamente vinculante en los Estados Unidos.

La reproducción, transmisión y duplicación de cualquiera de los contenidos que se encuentran en este documento, incluida cualquier información específica o ampliada, se hará como un acto ilegal independientemente de la forma final que adopte la información. Esto incluye versiones copiadas de la obra tanto físicas como digitales y de audio, a menos que se proporcione previamente el consentimiento expreso del editor. Se reservan todos los derechos adicionales.

Además, la información que se encuentre en las siguientes páginas se considerará exacta y veraz cuando se trate de relatar los hechos. Por lo tanto, cualquier uso, correcto o incorrecto, de la información proporcionada liberará al Editor de responsabilidad en cuanto a las acciones tomadas fuera de su ámbito directo. Independientemente de ello, no hay ningún escenario en el que el autor original o el Editor puedan ser considerados responsables de ninguna manera por cualquier daño o dificultad que pueda resultar de cualquiera de las informaciones aquí discutidas.

Además, la información que figura en las siguientes páginas tiene fines exclusivamente informativos y, por lo tanto, debe considerarse universal. Como corresponde a su naturaleza, se presenta sin garantías sobre su validez prolongada o su calidad provisional. Las marcas comerciales que se mencionan se hacen sin consentimiento escrito y no pueden considerarse en modo alguno como una aprobación del titular de la marca.

# Tabla de Contenido

Tu recurso gratuito está esperando ..................... 1
Introducción ...................................................... 2
Primera parte: Los fundamentos ....................... 6
Capítulo 1: Tu mentalidad y cómo afecta a la forma en que la gente te ve ............................... 7
Capítulo 2: Auto responsabilidad y autoestima 18
Capítulo 3: El macho alfa - verdades y mitos ... 34
Capítulo 4: Lo que las mujeres quieren ........... 47
Segunda parte: En el campo ............................ 65
Capítulo 5: Esas primeras palabras ................. 66
Capítulo 6: Conexión y Química ...................... 94
Capítulo 7: Tener una conversación ............... 115
Capítulo 8: Cómo dirigir una conversación .... 135
Capítulo 9: Cómo superar la charla y obtener su número de teléfono ........................................ 140
Capítulo 10: Cómo contar una historia, un chiste o simplemente tener una conversación .......... 152
Capítulo 11: Lo que puedes aprender de otras fuentes que no sean ella ................................. 172
Capítulo 12: Conversaciones online y por mensaje de texto ............................................. 184
Capítulo 13: Cómo hablar con las mujeres de otros países ..................................................... 202

Un último recordatorio antes de la conclusión
..................................................................................213
Conclusión ........................................................215
Más libros de Ray Asher ...................................217

# Tu recurso gratuito está esperando

Para ayudarte de mejor manera, he creado un sencillo mapa mental que puedes usar *inmediatamente* para entender, recordar rápidamente y usar fácilmente lo que aprenderás en este libro.

**Haz clic aquí para obtener tu recurso gratuito**

Por otro lado, aquí está el enlace:

**https://viebooks.club/recursogratuitomapamentaldecomohablarconlasmujeres**

**¡Obtén tu recurso gratuito ahora!**

# Introducción

¿Alguna vez has querido ser capaz de hablar sin esfuerzo con una mujer? Poder tener la capacidad de acercarte a ella y que se sienta cautivada por ti y quiera conectar contigo mientras hablas?

¿Por qué no puedes hacerlo? ¿Es nerviosismo o inseguridad? ¿O crees que te va a rechazar? ¿Tienes miedo de no saber de qué hablar?

Solía tener ese problema, pero con los años, descubrí cómo tener conversaciones estimulantes y satisfactorias con las mujeres. A través del ensayo y error y aprendiendo de mis errores, finalmente desarrollé la habilidad de relacionarme con las mujeres, hablar y asegurarme de que fuera una conversación estimulante, todo mientras construía una conexión y hacía crecer la química.

## Además, quiero compartir lo que he aprendido contigo!

Cuando era joven, no tenía ni idea de cómo hablar con las mujeres. Sacaba a relucir todos los temas equivocados, no escuchaba con suficiente atención, y finalmente, me quedó muy claro que no estaban interesadas en lo que yo tenía que decir.

Con el tiempo, empecé a aprender los secretos de la comunicación con el sexo opuesto. No es ningún truco de magia o una revisión de tu vida. Es simplemente aplicar algunas habilidades aprendidas, así como hacer algunos cambios en tu mentalidad y enfoque.

No fue fácil. Hubo muchos fracasos. Pero cada vez, me recuperé y aprendí de mis experiencias. Utilicé todos mis recursos, incluyendo libros, el internet, e incluso amigas y empecé a cambiar mi enfoque en el tema. Aprendí cuándo hablar con una mujer y cómo entablar conversaciones utilizando temas reales y genuinos y no líneas de ligue estúpidas que garantizan el fracaso.

Más que nada, aprendí que la base de todo era mi actitud y mi mentalidad. Ahí estaba la clave de a lo que las mujeres respondían, ese fuego dentro del hombre que les hacía querer acercarse.

Ahora, puedo tener conversaciones estimulantes con cualquier mujer en cualquier momento. He aprendido a lo que las mujeres responden en un hombre y cómo asegurarme de que sea transmitido. He aprendido a crear situaciones y darle seguridad a una mujer para que la conversación no sólo sea más divertida y coqueta, sino que también pueda conducir a una mayor interacción, incluyendo la obtención de su número de teléfono, citas y sexo.

No es sólo en la primera reunión. También se trata de tener grandes conversaciones y ser capaz de comunicarse en las citas e incluso en las relaciones.

No es imposible. Tú puedes hacerlo. Voy a revelarte cómo presentarte apropiadamente, crear química y tener la mentalidad que las mujeres quieren, además te ayudaré a aprender cómo hablar con las mujeres online, cómo

**Además, quiero compartir lo que he aprendido contigo!**

Cuando era joven, no tenía ni idea de cómo hablar con las mujeres. Sacaba a relucir todos los temas equivocados, no escuchaba con suficiente atención, y finalmente, me quedó muy claro que no estaban interesadas en lo que yo tenía que decir.

Con el tiempo, empecé a aprender los secretos de la comunicación con el sexo opuesto. No es ningún truco de magia o una revisión de tu vida. Es simplemente aplicar algunas habilidades aprendidas, así como hacer algunos cambios en tu mentalidad y enfoque.

No fue fácil. Hubo muchos fracasos. Pero cada vez, me recuperé y aprendí de mis experiencias. Utilicé todos mis recursos, incluyendo libros, el internet, e incluso amigas y empecé a cambiar mi enfoque en el tema. Aprendí cuándo hablar con una mujer y cómo entablar conversaciones utilizando temas reales y genuinos y no líneas de ligue estúpidas que garantizan el fracaso.

Más que nada, aprendí que la base de todo era mi actitud y mi mentalidad. Ahí estaba la clave de a lo que las mujeres respondían, ese fuego dentro del hombre que les hacía querer acercarse.

Ahora, puedo tener conversaciones estimulantes con cualquier mujer en cualquier momento. He aprendido a lo que las mujeres responden en un hombre y cómo asegurarme de que sea transmitido. He aprendido a crear situaciones y darle seguridad a una mujer para que la conversación no sólo sea más divertida y coqueta, sino que también pueda conducir a una mayor interacción, incluyendo la obtención de su número de teléfono, citas y sexo.

No es sólo en la primera reunión. También se trata de tener grandes conversaciones y ser capaz de comunicarse en las citas e incluso en las relaciones.

No es imposible. Tú puedes hacerlo. Voy a revelarte cómo presentarte apropiadamente, crear química y tener la mentalidad que las mujeres quieren, además te ayudaré a aprender cómo hablar con las mujeres online, cómo aprender cosas sobre ellas sin que ellas mismas te lo digan, y cómo dirigir la conversación hacia donde tú quieras que vaya.

Cuando termines de leer este libro, sé que tendrás la confianza y las herramientas para hablar con cualquier mujer que conozcas.

Así que sigue leyendo y aprende ***a hablar con las mujeres.***

# Primera parte: Los fundamentos

# Capítulo 1: Tu mentalidad y cómo afecta a la forma en que la gente te ve

¿Has conocido alguna vez a alguien que pareciera agradable y atractivo pero que a los cinco minutos de hablar con él o ella, fuera tan negativo y grosero que realmente te pareciera feo?

Recuerdo que una vez conocí a una modelo que había visto en varias revistas para hombres. Era rubia, alta, y cada curva estaba en el lugar exacto. Esta mujer era la idea de como yo pensaba que una mujer debería ser físicamente. En resumen, era preciosa.

Pero luego abrió la boca.

Cada palabra que decía estaba llena de sarcasmo y odio. Tenía opiniones sobre todo y todos y, normalmente, era acerca de lo mucho que los despreciaba. Incluso hizo algunos comentarios sobre algunas personas, que podía ser vista como nada menos que un prejuicio.

En unos momentos, ya no vi a la bella modelo, sino a un ser humano verdaderamente asqueroso e indeseable.

Eso es lo que sucede cuando alguien ve una mentalidad negativa en una persona. Por lo tanto, tienes que asegurarte de que estás en un lugar en el que puedes crear las vibraciones positivas a las que las mujeres responderán. **Esta debe ser tu forma de pensar.**

No significa que tengas que convertirte de repente en el Sr. Alegre Optimista y pensar que el mundo es un lugar hermoso y lleno de flores. No, sólo significa que eres positivo, confiado y que vas siempre para adelante como un hombre.

## Formas de pensar peligrosas

Hay una serie de formas de pensar peligrosas en las que las personas pueden caer, que destruirán no sólo sus vidas sociales e interpersonales sino que pueden derribarlas en lo que respecta a su carrera e incluso a su familia.

Más aún, las mujeres se dan cuenta de estas mentalidades y no se sentirán atraídas por ti ni estarán interesadas en verte si has tenido una conexión inicial.

### La víctima

Esta forma de pensar es cuando la gente cree que es el objetivo de las acciones de otras personas. Tienden a sentirse impotentes y pueden caer en la impotencia.

Las mujeres ven esto como una debilidad y una falta de control sobre su vida. Ninguna mujer va a responderte si sienten que estás en una espiral descendente o culpando a otros por lo que deberías estar manejando.

Renunciar a tu poder y creer que otros causaron tus problemas es débil y muy poco sexy.

**El perfeccionista**

Mientras que todo el mundo se esfuerza por ser lo mejor que puede, una persona con una mentalidad perfecta no está satisfecha a menos que sea la mejor y pueda establecer estándares excepcionalmente altos para sí misma. Comienzan a tener miedo de no lograr sus objetivos y por lo tanto ser juzgados como un fracaso. Muchas veces, es un extremo sin un intermedio.

Las mujeres pueden encontrar estresante a un hombre con esta mentalidad. Pueden pensar que tienen que estar a la altura de sus estándares o sentirse incómodas con su perspectiva. Las mujeres quieren estar con alguien que las acepte y no las juzgue.

## El contra el muro"

Esta es la persona que está quemada. Ya sea por el trabajo, la vida o las relaciones, tiene una actitud de abandono porque su energía y su fuerza emocional se han agotado. Esto se ve en su trabajo y en sus relaciones, ya que no tienen la voluntad o la energía para hacer el trabajo necesario.

Esta mentalidad puede fácilmente llevar a la negatividad y a una sensación de impotencia, y nadie quiere estar cerca de eso.

## El autotitulado

Es una mentalidad en la que una persona cree que merece lo que desea simplemente porque siente que se le debe. Pueden ser increíblemente egoístas y narcisistas debido a esta actitud y a veces incluso llegan a herir a otros (mental o físicamente) para conseguir lo que creen que merecen.

## Tu reacción

Parte de tu forma de pensar es cómo reaccionas mentalmente a una situación. Cuando ves a una mujer con la que quieres hablar, ¿cuál es el primer pensamiento que te viene a la mente?

¿Es negativo? ¿Crees que no quiere hablar contigo, o asumes que está interesada?

No puedes tener esa reacción. Tus primeros pensamientos deben ser positivos y genuinos. En general, si tu forma de pensar es la que las mujeres encuentran atractiva, estás muy por delante en el juego. La forma de pensar puede ser a menudo más importante que la atracción física.

¿Has conocido alguna vez a un tipo positivo y exitoso que no es el más atractivo del mundo pero que aún así se lleva increíblemente bien con las mujeres? No tiene que ser rico o conducir un auto caro para gustarle a las mujeres.

Es su forma de pensar a la que las mujeres están respondiendo. La forma en que piensa, reacciona y ve el mundo. Esto puede provocar los deseos en su cerebro y ser mucho más poderoso que su cabello, su cara o sus músculos.

## Valores fundamentales

Para tener realmente en una mentalidad sana y apropiada, necesitas descubrir cuáles son tus valores fundamentales. Estas son las cosas que significan más para ti y para la gente que te rodea.

Pueden ser el coraje, el orgullo, la creatividad, la fuerza, la empatía, o docenas de otras cosas, pero necesitas saber eso de ti mismo para estar satisfecho y ser genuino. Tendrás más confianza porque sabrás quién eres y lo que representas.

## Formas de pensar que las mujeres encuentran atractivas

Hay varias formas de pensar diferentes que las mujeres encuentran más atractivas. Aunque tienen diferencias, todas comparten la misma calidad de confianza y positividad.

Las mujeres responden a los hombres en movimiento. Ya sea por su trabajo, sus deseos o su actitud general, a las mujeres les gustan los hombres que saben lo que quieren y que saben cómo conseguirlo. Eso es algo que todas estas mentalidades comparten.

He descubierto que ser el hombre positivo me ha funcionado mejor en el pasado. He intentado ser el tipo divertido, pero a veces es difícil equilibrar la línea entre ser el tipo divertido y ser positivo. En un mundo de negatividad, las mujeres se sienten muy atraídas por un hombre que pueda ser positivo, uno que no pase su tiempo quejándose de la vida y de las demás personas que hay en ella.

**El hombre impulsivo**

Las mujeres quieren encontrar un hombre que tenga dirección y sepa lo que quiere lograr. Puede que aún no estés donde quieres estar, pero estás en camino.

No intentes fingirlo. Sé genuino. No mientas sobre el auto que conduces o que diriges una empresa a los 21 años. Sin embargo, sé abierto sobre tus metas, sueños y cómo piensas lograrlos.

**El hombre positivo**

Este es el hombre solidario que nunca odia. Es una fuerza positiva para la gente que le rodea y les encanta estar a su alrededor. Se preocupa genuinamente por la gente y lo que les pasa.

El hombre positivo es vocal en su apoyo a la gente y los anima en sus éxitos y los ayuda durante sus fracasos. A la personas (incluyendo a las mujeres) les encanta estar cerca de tipos con esta mentalidad.

**El hombre divertido**

Puede que la vida no sea una fiesta, pero esta mentalidad siempre busca la diversión en cualquier situación. Se esfuerza por pasar un buen rato y se asegura de que la gente a su alrededor también lo haga.

**El hombre humilde**

Este es el hombre sin esfuerzo. Nada lo perturba y sus propios logros no son algo de lo que se pueda presumir. Se da cuenta de que se trata del viaje, no del destino, y no va a juzgar a los demás.

El hombre humilde no necesita soplar su propio cuerno, deja que sus logros hablen por sí mismos. A las mujeres les encanta el tranquilo resplandor del éxito que estos hombres proyectan.

**El hombre líder**

Los líderes siempre se elevan a la cima de un grupo. De hecho, a veces es casi subliminal y otros se dirigen a ellos para pedirles consejo sin saber siquiera por qué.

No se trata de ser un macho alfa (en el que profundizaremos más adelante), se trata de ser inteligente, fuerte y comportarse de manera que los que te rodean se sientan seguros de sus habilidades.

**El hombre apasionado**

He mencionado la pasión unas cuantas veces en este libro y en los otros. Es porque, al igual que la confianza, es una de las cosas a las que las mujeres responden más. Si eres un hombre apasionado, ya sea en el trabajo, en la vida o en ambos, las mujeres reaccionarán positivamente.

Es una de las características de un hombre de éxito.

**El hombre aventurero**

Buscan el camino menos transitado y la emoción del descubrimiento. A las mujeres les encanta esta mentalidad porque no está satisfecho y siempre está buscando esa nueva experiencia.

# Capítulo 2: Auto responsabilidad y autoestima

Antes de que puedas conectar realmente con otra persona, tienes que estar en contacto contigo mismo. Tienes que tener control sobre tus emociones y valorar realmente quién eres como persona.

Si no lo haces, no sólo no atraerás a la mujer adecuada, sino que no podrás conservarla. En algunos casos, perder la confianza en ti mismo te llevará al tipo de mujer equivocada. Mientras estás ahí fuera buscando a la mujer adecuada, podrías atraer sin querer a una mujer tóxica, el tipo de mujer que se aprovecha de los hombres que no tienen tanta confianza y que les ayudará a crear el drama del que se nutren. Esto definitivamente no es lo que estás buscando aquí.

No tienes que tenerlo todo junto, pero ella necesitará saber que tienes las herramientas y un plan para avanzar en tu vida antes de que le interese formar parte.

## Cómo destruyes tu propia autoestima

A veces, como humanos, tenemos un horrible hábito de autodestrucción. Puede ser porque no creemos que debamos tener éxito o posiblemente estamos tratando con una programación mental de baja autoestima que se remonta a la infancia.

Hay muchas maneras de hacernos esto a nosotros mismos y para tener éxito con el sexo opuesto, necesitas purgar estas acciones de tu vida.

## Usas el alcohol como una muleta social

Mira, no estoy juzgando. Disfruto de un trago tanto como cualquier otro. Pero si no sientes que puedes ser social sin tomar unos cuantos, entonces algo no está bien. Esto también incluye la marihuana.

Todos crecimos con la idea del "valor del líquido", que si tomamos un par de copas, nos ayudará con los nervios y nos dará el poder de ser más sociables. En la universidad, mucha gente lo toma como la forma en que funciona la socialización.

Eso no es ayuda, es dependencia.

Necesitas mirar seriamente qué causa tus ansiedades y dejar de usar el alcohol para adormecerlas. Si está lo suficientemente arraigado, tal vez quieras considerar la posibilidad de recibir asesoramiento. No hay nada malo en buscar ayuda para la dependencia del alcohol. No significa que seas alcohólico, simplemente significa que has creado algunos malos hábitos y que necesitas arreglarlos antes de que sea demasiado tarde.

**Manteniéndolo dentro**

Como hombres, a menudo se nos enseña que debemos reprimir los sentimientos en nuestro interior y seguir adelante. El problema es que esto puede ser perjudicial para la salud mental.

No digo que necesites llorar cuando veas anuncios penosos, pero no deberías guardar cosas en tu interior. Sufrir una pérdida o algún tipo de confusión emocional puede ser difícil y mantenerlo dentro le da a tu cerebro un lugar horrible para jugar y te consumirá.

Está bien hablar las cosas. Habla con tus mejores amigos. Si no quieren oírlo, puede que sea el momento de hacer nuevos amigos o incluso de visitar a un terapeuta. De nuevo, es más viril controlar tus problemas que dejar que ellos te controlen a ti.

**Vivir con mensajes negativos internos**

Todos tenemos mensajes internos en nuestro cerebro que reproducimos una y otra vez. Para muchos, son positivos, motivadores o pensamientos que los empujan hacia adelante. Si practicaste deportes, es probable que tu entrenador te haya hablado de la visualización y de la actitud positiva y de cómo puede influir en tu capacidad en el campo o en la cancha.

Algunos hombres escuchan continuamente un mensaje interno que les dice que no son lo suficientemente buenos, o que siempre van a fracasar. Generalmente, esta persistente voz interna los está destrozando y la toxicidad se multiplica.

Tener la autoestima y la confianza bajas significa que no te va a ir bien en la vida y en tu carrera, y mucho menos con las mujeres. Necesitas deshacerte de los pensamientos negativos. Concéntrate en tus victorias, metas y éxitos. Planifica cómo mejorar la interacción con las mujeres (¡la lectura de este libro fue un gran comienzo!).

Al igual que en los deportes, si visualizas resultados positivos, comenzarás a remodelar tus mensajes internos y tu perspectiva cambiará.

**Imagen corporal**

No sólo las mujeres tienen problemas de imagen corporal, los hombres también.

Puede ser tu peso o una línea de cabello que desaparece. No hay nada malo en no estar completamente feliz con tu cuerpo. El problema puede ser la forma en que lo manejas.

No caigas en los estereotipos de que tienes que mirarte de cierta manera para ser feliz. Si quieres perder algo de peso, hazlo. Toma el control y cambia tu cuerpo. Si hay otros problemas con los que realmente no puedes vivir, entonces tienes el derecho y la capacidad de cambiarlos.

Sin embargo, recuerda que no importa lo que cambies físicamente, sigues siendo tú.

**Evitar los problemas de salud mental**

Muchos hombres no admiten que pueden tener algunos problemas. La depresión es un problema muy real y a menudo los hombres no reciben ayuda, pensando que no es algo varonil.

No estoy de acuerdo. Siempre he creído que ser varonil significa tomar el control de una situación y resolverla. Si sufres de depresión u otros problemas mentales, busca ayuda. Es una condición muy real que puede llevar a resultados trágicos.

Las noticias están llenas de historias de hombres que fueron vistos como fuertes y masculinos que secretamente sufrieron enfermedades mentales y terminaron sus vidas trágicamente. No seas uno de ellos.

**Pensar que estás indefenso**

A los hombres les gusta tener el control. Está en nuestra naturaleza. Pero cuando las cosas empiezan a salirse de nuestro control, muchas veces empezamos una espiral de impotencia.

Si no se controla, esto puede crear una actitud de inacción y puede incluso caer en una depresión. Date cuenta de que hay algunas cosas que no puedes controlar, pero tu reacción y cómo te recuperes depende completamente de ti.

**Dejar fuera a otras personas**

El aislamiento es terrible porque puede provocar una avalancha. Si las cosas no van bien o estás empezando a caer en la depresión o en la baja autoestima, lo más probable es que no quieras estar cerca de mucha gente. Eso se amplifica porque cuanto menos estés rodeado de gente, menos gente conocerás y, honestamente, puedes empezar a pensar que disfrutas estando solo. Estar solo parece ser más sencillo ya que no tienes ni decepciones ni problemas.

Pero eso no es lo que está pasando. Estás desarrollando una memoria muscular mental de la soledad, y tu cerebro está compensando y acostumbrándose a ello. Estás desarrollando un mal hábito, y necesitas romperlo.

**Apuntar con el dedo a los demás**

Cuando tienes problemas de autoestima, es fácil señalar con el dedo a otras personas y no responsabilizarte de tus propias acciones o situación.

Incluso si alguien más te hizo algo legítimamente, no puedes llegar tan lejos con tu propia salud mental interior culpándolo. Incluso la víctima más trágica necesita eventualmente retomar el control de su vida y tomar decisiones decisivas para seguir adelante.

## Cómo construir tu autoestima

Lo mejor de la autoestima y de tu propio valor es que puedes reconstruirla. La gente a menudo piensa que una vez que se rompe, tu personalidad ha cambiado y no hay forma de volver a la cima.

Eso no es del todo cierto.

### Creer en ti mismo

Esto no es un discurso de ánimo "*rah-rah*". Esto es sólo una verdad básica. Necesitas creer en tu habilidad para tomar decisiones y elecciones sensatas en la vida. Una vez que lo hagas, habrás dado un gran paso adelante.

Comienza con pequeñas victorias y construyete sobre ellas. A veces, eso es todo lo que se necesita.

Ya sea en el trabajo, en los pasatiempos o en la interacción con las mujeres, debes creer realmente que puedes tener éxito en todo lo que haces.

**Bloquear la negatividad, externa e interna.**

Es más fácil decirlo que hacerlo, pero esto es algo que mejorarás con el tiempo. Necesitas deshacerte de cualquier negatividad externa: de la familia, los amigos, las noticias, e incluso del internet. Cualquier fuente que no te apoye. No va a ser fácil al principio, pero mantén una perspectiva positiva.

Además, trabaja para sofocar cualquier voz negativa en tu mente. Las experiencias pasadas pueden teñir tu autoestima y hacerte pensar que no puedes mejorar o cambiar las cosas, pero siempre puedes hacerlo.

**Hacer un balance de las cosas a tu favor**

Sè siempre positivo. Piensa en todas las cosas que tienes a tu favor. Tus habilidades, capacidades y experiencias. Concéntrate en ellas y en cómo pueden ayudarte y llevarte hacia el éxito.

Si estás realmente deprimido o tratando de cambiar, haz una lista real. Sé honesto pero también sé positivamente sincero. No te menosprecies ni trates de ser humilde con tu lista. Necesitas recordarte a ti mismo todas las cosas que tienes que hacer por ti mismo. Esta lista es para ti. No se trata de presumir, sino de hacer un balance.

**Abrazar el cambio**

El cambio puede ser aterrador, pero es algo grandioso. El cambio te permite crecer y probarte a ti mismo. Si vas al gimnasio y siempre haces el mismo ejercicio y la misma cantidad de peso, no te estás desafiando a ti mismo y no avanzarás. Es lo mismo con la vida.

Acepta el cambio y las oportunidades que te da en el trabajo, en la vida personal y en tu interior. Busca las cosas positivas para empujarte a ti mismo y asumir nuevas oportunidades.

**Creer que deberías ser feliz**

A veces, cuando la gente se deprime o empieza a perder su autoestima, cree que así debe ser. Empiezan a pensar que no tienen derecho a ser felices o que no lo merecen.

¡Eso es basura!

Todo el mundo merece el derecho a ser feliz. Diablos, está en la Declaración de Independencia. No hay una escala que diga quién merece y quién no merece la felicidad.

No creer que deberías ser feliz también puede ser muy peligroso porque puedes recurrir a las cosas equivocadas para llenar el hueco que sientes que tienes. Si no eres feliz, puedes buscar la satisfacción en las drogas, el alcohol o en el sexo peligroso y adictivo.

**Aprender de tus errores**

¡Todos la cagamos! Cuando cometas un error, aprende de él. Reconoce y repara si es necesario, pero analiza lo que hiciste. ¿Qué salió mal? ¿Qué podrías haber anticipado que no lo hiciste? ¿Qué podrías hacer de forma diferente para no repetirlo?

## Cómo ser autosuficiente

A primera vista, probablemente pensarás que esta sección trata sobre cómo pagar tus cuentas, cuidarte y cosas por el estilo. Eso es parte de la autosuficiencia, pero esto es sobre la responsabilidad.

La autosuficiencia es también más que tener un trabajo y pagar las cuentas. Se trata de ser mentalmente autosuficiente y ser capaz de resolver los problemas de tu vida por tu cuenta sin ser rescatado por otros.

### Toma tus propias decisiones

Cuando eres verdaderamente autosuficiente, tomas tus propias decisiones sobre tu futuro. Eso no significa que tengas que planear todo y no permitir que otros arreglen las cosas o las preparen.

Simplemente significa que eres tú quien decide sobre lo que haces y cómo lo haces. Se trata de la dirección que toma tu vida y cómo asegurarte de que es lo que quieres.

**No te compares con los demás**

Si te juzgas a ti mismo por las acciones o los éxitos de los demás, estás regalando tu propio valor. No puedes lograr tus metas personales y ser independiente cuando dejas que las acciones o los éxitos de los demás sean la vara que mide tu propia vida.

Deberías ser capaz de enumerar las cosas que te gustan de ti mismo que están totalmente separadas de lo que hacen los demás. Inténtalo y asegúrate de que no dependen de lo que sientes que otros han logrado.

**Usa formas saludables de expresar tus emociones**

Si sientes la necesidad de descargar tu ira en la gente, no estás siendo autosuficiente o actuando de manera saludable. En primer lugar, necesitas ser capaz de lidiar con la ira y otras emociones de una manera saludable. Esto no significa tener estallidos de violencia o ir directamente a las discusiones. Ya sea que se trate de quemar algo de ira con ejercicio físico o de aprender a tener conversaciones constructivas con alguien con quien estás molesto, tienes que tener formas productivas de manejar tus emociones.

Además, piénsalo, si tienes que tener un arrebato con una persona para sentir que estás lidiando con un problema, no estás siendo autosuficiente, ¿verdad? Tienes que tener a esa otra persona, lo que significa que estás regalando tu poder e independencia.

**Acepta la responsabilidad**

Cuando aceptas la responsabilidad de tu vida y tus acciones, es un gran paso hacia la autosuficiencia. Sólo cuando lo haces puedes dar pasos activos hacia el crecimiento personal.

Parte de la responsabilidad es también limpiar los desastres. Por mucho que queramos, la vida no siempre va de acuerdo con el plan y para seguir adelante, tenemos que lidiar con problemas y diferentes asuntos. Parte de ser un hombre autosuficiente es ser capaz de manejarlos sin que toda tu vida se derrumbe.

# Capítulo 3: El macho alfa - verdades y mitos

Eso es lo que las mujeres dicen que quieren. El macho alfa. El hombre seguro y asertivo que siempre se sale con la suya. Afirman que es genético y primario el que quieran ser líderes de la manada.

Por supuesto, existen también mujeres que encuentran al macho alfa como un gran desvío. Prefieren al hombre considerado, al hombre atento, al hombre sensible. Pero aún así, parece haber un número decente de mujeres que están interesadas en el tipo de personalidad del macho alfa.

Pero, ¿y si te dijera que no existe el macho alfa? Al menos, no de la forma en que la gente piensa.

## El mito del macho alfa

El término "Lobo Alfa" no es real. Se basa en la investigación de un científico llamado L. David Mech, que escribió el libro *El Lobo* en los años 70 basado en sus observaciones de lobos en una reserva natural. Mech llegó al concepto de que había un lobo "alfa" que era el líder dominante de todos los demás lobos. El libro fue un gran éxito y acuñó la frase "lobo alfa", que la gente comenzó a aplicar a las personas. Su razonamiento era que la gente debe comportarse como lobos, aunque no tengamos otras conexiones con ellos.

Después de que el libro fuera publicado, Mech volvió a estudiar a los lobos de nuevo, pero esta vez en la naturaleza. Se dio cuenta de que había estado equivocado en sus descubrimientos. Se dio cuenta de que los lobos no tienen una jerarquía dominante como la que él había asumido. Intentó hacer públicos sus hallazgos, pero para entonces, ya era demasiado tarde. La idea del "macho alfa" se había impuesto.

Pero eso no significa nada, ¿verdad? El tipo más agresivo, atlético y asertivo es un alfa y siempre va a conseguir lo que quiere en cada situación, ¿verdad?

No siempre.

Imagina que eres el mariscal de campo estrella de la universidad. Eres el chico más popular del campus. Eres inteligente y obtienes buenas notas. Todo es genial para ti. Eres el mejor.

Ahora, únete a los personajes del programa de televisión, *La Teoría del Big Bang*. De repente, estás en el fondo del montón. Estás en su mundo. Definitivamente no eres el más inteligente y definitivamente no estás a cargo. De hecho, puede que ni siquiera seas capaz de mantener una conversación.

Si eres el alfa en el campo de fútbol, definitivamente no estás tratando de debatir con ese grupo. Ellos son el alfa y ahora estás respondiendo ante ellos.

Ser el "alfa" es situacional, y en realidad es sólo un nombre para tipos agresivos. No es la forma de ser el todo y para todo. No es algo a lo que aspirar.

Sé tú mismo. Confía en quién eres, y creerás en lo hagas.

Ahora, dicho esto...

**El lobo solitario**

Esto es lo que creo que muchas mujeres confunden con el macho alfa.

Les gusta el hombre individual que es responsable de su propia vida y circunstancias. Ser responsable cuando se trata de dinero, vida y tus acciones desencadena algo en lo profundo de una mujer. Recuerda que el coqueteo y todo esto se basa en deseos primarios.

En el fondo, ella quiere a alguien que sepa cómo hacer las cosas. Con un poco de misterio, ya que el interés se profundiza. Al lobo solitario no le importa ser un líder o que otros se sometan a su voluntad. Sólo le preocupa su propia satisfacción y sus necesidades. Su autoestima es alta, pero se da cuenta de que no importa lo que la gente piense de él.

**No todo es sobre las mujeres**

Un lobo solitario tiene un objetivo y no va a dejar que una relación se interponga en el camino. Podría ser el trabajo, podría ser una meta para navegar alrededor del mundo. Para una mujer, esa determinación es sexy.

Mientras está en sus aventuras, está feliz de tener una mujer a su lado, pero está igual de feliz por su cuenta. Una mujer no lo define.

**Sabes que a todas las mujeres les gustas y no te importa**

Las mujeres aman a los lobos solitarios.

Mujeres jóvenes, mujeres mayores. Mujeres en general. Pero el lobo solitario se la juega. Acepta la atención, pero no la necesita.

## Mostrando la masculinidad y la dominación

Hubo un tiempo en que, si se preguntaba qué significaba ser un hombre masculino, la gente habría dicho cosas como pelo en el pecho, grandes músculos y la capacidad de conseguir cualquier mujer que quisiera.

El concepto del macho alfa se convirtió en el retrato estereotipado del macho masculino perfecto, pero como ya he dicho antes, era un ideal mal entendido y en realidad era sólo un tipo de hombre masculino diferente.

Pero los tiempos cambian y la definición de lo que es masculino puede cambiar. Lo mismo ocurre con las mujeres. Hubo un tiempo en el que si una mujer no tenía el cuerpo de un adolescente, no se consideraban femeninas en absoluto. Retrocede más en el tiempo, si no eran lo que considerábamos ahora como mujeres con sobrepeso, no eran vistas como bellas.

Entonces, ¿qué rasgos se consideran masculinos y le mostrarán que eres un hombre maduro y respetable?

**Decisión**

No se trata sólo de saber lo que quieres, sino también de ser capaz de pensar de pie. Podría ser algo tan simple como elegir dónde o qué comer según tu horario.

Ella no quiere que seas insípido. No quiere verte tropezar con tus decisiones. Sin embargo, esto no significa que decidas por ella. No vayas a un restaurante y le pidas la cena. Sí, lo sé, ¿puedes creer que los chicos todavía lo intenten?

Pero si le preguntas dónde le gustaría ir a cenar y te dice: "Oh, no lo sé..." o "Donde sea", no te metas en una discusión. Tómalo como una pista para tomar las riendas.

Mejor aún, cuando la invites a cenar, dile que te encargarás de todos los preparativos. Pregúntale si hay alguna comida que no le guste y luego sigue desde ahí.

**Autosuficiencia**

Ser masculino significa que puedes cuidarte a ti mismo. Ya sea en el trabajo, en la ropa o sólo en la comida, ser un hombre significa que puedes hacer cosas por ti mismo.

Ser "hambriento" es un ejemplo perfecto. ¿Alguna vez olvidaste comer hasta el punto de que empezaste a actuar como un idiota? Bueno, ¿por qué? Porque no tenías la confianza en ti mismo para asegurarte de que comerías. Ahora bien, si le hablas bruscamente y le dices que es porque no has comido, puede que por fuera sea amable, pero por dentro se pregunta cómo es que no puedes comer bien.

¿Esperas que alguien sea tu madre y se asegure de que comas? Confía en mí, ella no quiere ser tu mamá.

**Es real y no un acto**

Ser masculino viene de dentro. No es la ropa que usas o la forma en que te peinas.

No puedo contar cuántos tipos me he encontrado en mi vida que no eran muy masculinos y decidieron arreglarlo externamente comprando una chaqueta de cuero o una motocicleta. Eso no te hace un hombre. Ahora sólo te falta tratar de encontrar la masculinidad con un nuevo vestuario y un vehículo.

No debe ser tembloroso. No deberías mostrar de repente los colores verdaderos para que la gente se dé cuenta de que todo fue una actuación. Necesitas empezar a construir internamente la confianza, los hábitos y la perspectiva y se convertirá en una parte orgánica de lo que eres.

**La masculinidad no es conformidad**

Un hombre masculino sabe lo que quiere y cree. A diferencia del macho alfa "él consigue lo que quiere", se trata de defender lo que cree.

No cambias tus creencias o pensamientos básicos sólo porque el resto de la gente que te rodea lo haya hecho. Defiende tus creencias y las debatirá. No imitas lo que otras personas dicen o creen. Tienes confianza en tus valores y en la forma en que ves el mundo.

**Los hombres de verdad aprenden**

Uno de los sellos de la madurez no es sólo aprender de tus errores, sino darte cuenta de que hay información en el mundo que no conoces. También significa que la aceptas.

Parte de ser masculino, como ya hemos discutido, es adaptarse y ser autosuficiente. Expliqué que las mujeres se sienten atraídas por los hombres que pueden hacer las cosas por sí mismos.

Bueno, parte de hacer las cosas por sí mismo es aprender a hacerlas y para ello hay que buscar respuestas y cambiar según lo que se aprende. Cambiar una opinión o enfoque es un signo de inteligencia, no de debilidad.

Si un médico hace un diagnóstico pero luego obtiene más información y se da cuenta de que el diagnóstico era incorrecto, no va a continuar con la decisión inicial. Él va a cambiar basado en la nueva información. El signo de un buen médico es uno que puede ajustarse a las nuevas pruebas.

El cambio es bueno. Prueba cosas nuevas. Pruébalas y decide si te gustan o si crees en ellas.

## Masculinidad tóxica

La masculinidad tóxica es un término que ha entrado en nuestro lenguaje en los últimos años y se ha vuelto increíblemente controvertido.

En resumen, es cuando un hombre muestra rasgos estereotipadamente masculinos que son llevados a los extremos. A menudo la frase "los chicos serán chicos" es objetiva, diciendo que el comportamiento masculino tiene una excusa sin importar lo dañino u ofensivo que pueda ser.

A menudo, está relacionado con el derecho masculino y la idea de que los hombres merecen ciertas cosas o posiciones simplemente porque son hombres.

Ahora, no estoy diciendo que esto no suceda porque definitivamente ya está hecho. ¿Cuántas veces has ido a un club o a un bar y has visto a un tipo que se sentía con derecho a hacer lo que quisiera? Bebió toda la noche, haciendo ruido y degradando a todo el mundo, y exigió que las mujeres salieran con él e incluso que se fueran a casa con él. Sin embargo, como hombres, no tenemos que caer en esta trampa. Puedes ser masculino sin ser "tóxico". "

Se trata de respeto y responsabilidad. Si respetamos a las mujeres y entendemos que son iguales en todos los sentidos, el concepto de masculinidad tóxica puede ser erradicado.

Ahora bien, ser iguales no significa que operemos de la misma manera. Las mujeres y los hombres buscan cosas diferentes en la vida, especialmente cuando conocen a nuevas personas del sexo opuesto.

Si juntos, como hombres, transmitimos a la siguiente generación lecciones de respeto hacia las mujeres y otras personas, todos podemos llevarnos un poco mejor.

# Capítulo 4: Lo que las mujeres quieren

Siempre he oído que las mujeres son muy complicadas de entender. Pues, tengo que discrepar.

Creo que hay que empezar por el hecho de que cada mujer es diferente y hay que aceptar eso, pero he aprendido en mis experiencias con ellas que es lo que quieren cuando hablan con los hombres.

**Las diez mejores cualidades que las mujeres dicen que buscan en un hombre:**

1. Confianza
2. Sentido del humor
3. Fiabilidad y honestidad
4. Que no sea fácil de convencer
5. Inteligencia
6. Ingenio
7. Pasión
8. Capacidad para comunicarse
9. Que sea un protector
10. Físico/atractivo y con el sex appeal

Así que, vamos a desglosar esto.

**Confianza**

Sigues volviendo a esto, ¿no?

Las mujeres aman la confianza. Es sexy y las atrae. Recuerda, hay una diferencia entre la confianza y la elegancia. La confianza a menudo no se dice, es más una vibración que palabras.

Está en la forma en que te paras y en la forma en que hablas. Y las mujeres no se cansan de eso.

**Sentido del humor**

Tener sentido del humor no es sólo contar un chiste, sino también no tomarse demasiado en serio. Si te burlas de ella, probablemente te devuelva la broma. De hecho, deberías esperar que lo haga porque es una señal de que está coqueteando y está interesada. Así que no te ofendas fácilmente.

Una cosa es dejar que una broma se te escape, pero si realmente te insultaron con un insulto legítimo, asegúrate de no enojarte y déjalo pasar. Aunque, podría ser el momento de alejarse. Recuerda tu autoestima. Nunca debes pararte en algún lugar y permitir que alguien te insulte.

Muchas veces, la mujer ni siquiera se dará cuenta de que dijo algo que te ofendió. Al igual que los hombres, las mujeres a veces gesticulan sin querer hacer daño. Cuando se lo señalas, se disculpan y se retiran. A menudo, esto demuestra que estás dispuesto a defenderte sin tener que descarriarte, y ella te dará más respeto. Pero si la mujer intenta ignorar tus preocupaciones o actúa indignada por haber sido señalada, entonces debes alejarte.

**Fiabilidad y honestidad**

A las mujeres no les gustan los mentirosos. No importa si les has mentido sobre el engaño, lo que haces para ganarte la vida, o si llevas calcetines limpios. Quieren saber que les estás diciendo la verdad.

También quieren sentir que eres confiable. Desde la primera vez que te conocen, a través de las citas e incluso en el matrimonio, quieren saber que estarás ahí para ellas y que harás lo que te pidan y lo que prometas.

El ejemplo clásico de esto es la lista "*Honey Do*". Cuando estás en una relación, habrá cosas que ella te pida que hagas, desde recados hasta cosas de la casa, y muchas veces las parejas la llaman la lista "*Honeydew*" o "*Honey Do*".

Algunos novios y maridos no se toman en serio esta lista, pero es una forma de demostrar que eres confiable. Asegúrate de estar constantemente marcando las cosas y haciéndolas. Créeme, ella se da cuenta.

**No seas uno fácil de convencer**

No tienes que ser demasiado exigent e de ninguna manera, pero tienes que defenderte. No dejes que la gente (o ella) te pisotee. Aunque quieras hacer cosas por ella, no estás a su disposición. Tienes una vida y objetivos propios.

**Inteligencia**

Una vez, una mujer me habló de un tipo con el que salía, que era muy guapo pero no muy inteligente. Me contó una historia sobre cómo una vez que estaban viendo la televisión se mencionaron en una broma. Su novio sólo la miró, sin entenderlo. Ella intentó durante diez minutos tratar de explicarle lo que eran los topes para libros. Él todavía no tenía ni idea. Finalmente se levantó, fue a un estante, tomó un par y se los mostró. Él se rió y dijo que no sabía que tenían nombres.

Para empeorar las cosas, un día miraba las especias en su armario y empezó a preguntar qué cosas eran mientras las pronunciaba mal. La mujer me dijo que en ese momento, sabía que la relación estaba condenada. Incluso le decía al tipo: "Qué bueno que seas guapo". Y él todavía no entendía que ella lo estaba insultando.

Las mujeres quieren que tengas un cerebro en tu cabeza. No necesitas ser un científico de cohetes, pero necesitas saber cómo funciona el mundo y cómo encajas. Y siempre aprender a pronunciar los nombres de las especias.

**Ingenio**

Las mujeres aman a un tipo que puede resolver las cosas sin sudar. Puede ser algo tan pequeño como cambiar una bombilla rota por una patata (¡búscalo!) o encontrar la manera de conseguir entradas para un concierto agotado.

A las mujeres les encanta que puedas resolverlo, especialmente cuando tienes la capacidad de resolverlo por ellas. Las hace sentir especiales.

**Pasión**

Las mujeres quieren un hombre que sea apasionado por las cosas, y saben cuando lo eres.

Tienes que ser apasionado por las cosas importantes. En primer lugar, quieren que te apasiones por ellas, pero quieren verlo también en la forma en que hablas del trabajo, la familia e incluso los hobbies.

Sin embargo, ten en cuenta que si tu hobby es el voluntariado, se impresionará más que la pasión que expresas cuando, por ejemplo, que te entusiasmas con tu colección de gorras de béisbol.

**Capacidad para comunicarse**

Las mujeres quieren un hombre que sepa lo que quiere y pueda expresarlo en palabras concisas.

No importa si estás pidiendo un sándwich o hablando con ella sobre una relación.

Las mujeres se quejan constantemente de que los hombres no se abren a ellas. Esto es un poco engañoso para los hombres. Piensan que las mujeres quieren que abran las compuertas y dejen salir las emociones y sentimientos.

Ahora, no necesitas embotellar todo, pero no buscan una sesión de una hora para contarles tus pensamientos y sentimientos más íntimos. Ellas sólo quieren que seas honesto y les cuentes las cosas.

Como hombres, muy a menudo se nos enseña a embotellar las cosas y seguir adelante. A muchos hombres se les dice que escondan sus emociones y que las guarden en secreto. Piensan que no deberían mostrar sus emociones. ¿Pero cómo puede ayudar eso cuando estás tratando de relacionarte con otra persona?

Sé honesto. Si hay algo que te molesta, díselo. Si hay algo en la relación que no estás recibiendo (incluso sexualmente), díselo. ¿Cómo va a saberlo si no se lo dices?

**Un protector**

Las mujeres quieren sentirse seguras. No tienes que hacer nada más que hacerles saber que estás ahí para ellas.

Va a ser diferente con diferentes mujeres. Necesito mencionar aquí que soy bastante alto. Una vez, salí con una mujer llamada Lauren, que era una ex modelo y medía 1,75 m. También salí con otra mujer llamada Kate que medía alrededor de 1,70 m." Cada una de ellas quería sentirse protegida, pero de diferentes maneras.

A Kate le encantaba la sensación de que yo era mucho más grande, podía perderse en mis brazos cuando los envolvía a su alrededor. Me decía como se sentía y que cuando estaba conmigo, se sentía segura.

Lauren, por otro lado, no necesitaba sentirse físicamente protegida de la misma manera porque era mucho más alta. Diablos, ella era más alta que muchos tipos de ahí fuera. Pero me dijo que se sentía segura también por diferentes razones. Dijo que se sentía como si la tuviera envuelta. Que podía cuidarse a sí misma, pero por si acaso no lo hacía, me tenía a mí como respaldo. Nos llamó socios en el crimen.

La protección no siempre consiste en ser grande y poder cubrirla físicamente del peligro. A veces es más emocional y psicológico.

**Físico/Atractivo y con el sex appeal**

Por supuesto, ella necesita sentirse atraída por ti físicamente, pero ¿sabías que puede ser mucho más que tu aspecto lo que la atrae de ti? En realidad es una combinación de todas las cosas anteriores.

Es cierto que algunas personas no van a ser atractivas para otras, especialmente si no se cuidan externamente, pero es mucho más.

Al ser su protector y hacerla sentir segura y cuidada, estás desencadenando impulsos primarios en su cerebro. Volviendo a los días de los cavernícolas, las mujeres están conectadas biológicamente para encontrar la mejor pareja. Aunque parte de eso es el atractivo físico, sus cerebros están conectados para buscar al hombre que pueda proporcionarle la mejor descendencia, que pueda protegerla contra el peligro y otros hombres, que sean dignos de confianza y que siempre vuelvan a casa para cuidarla.

Así que, cuando le muestras que ofreces estas otras cosas, construyes su atracción hacia ti en un nivel primario.

**Averigua qué le interesa**

Entonces, ¿cómo le muestras que encajas en sus categorías?

Bueno, no es tan simple como agitar la lista y decirle para qué cosas de su lista calificas. Ella quiere saber exactamente el cómo y quiere descubrirlo.

Así que, necesitas hacer algo de trabajo. Necesitas ver orgánicamente cómo encajas y luego mostrarle dónde encajas y tienes conexiones.

Necesita descubrir que eres el tipo correcto, pero definitivamente tienes que ayudarla.

**Hazle preguntas**

Durante una conversación, a las mujeres les encanta cuando les haces preguntas. El problema es que muchos hombres no saben cómo hacer preguntas.

Asegúrate de hacer preguntas reales que revelen algo interesante sobre ella y haz un seguimiento.

**Dando la vuelta desde un callejón sin salida**

Si le preguntas algo y terminas en un callejón sin salida, a veces puedes hacerlo de forma natural.

Puede que acabes de volver de unas vacaciones estupendas y tengas una buena historia que contar, pero le preguntas si le gusta viajar y te dice que no, por lo que probablemente no quieras contar esa historia. Entonces, ¿qué haces? **Girarte.**

"Por lo tanto, debes hacer mucho a nivel local. ¿Algún sitio guay del que deba saber?"

Verás, estás convirtiendo lo negativo en positivo e impulsando la conversación.

**No sigas... y sigas... y sigas...**

Si estás contando una historia, no sigas con todo. No domines la conversación. Las conversaciones son acerca de dar y recibir y de ir y venir. Si estás haciendo toda la conversación, ella se va a apagar.

**No seas cruel**

A las mujeres les gustan las bromas, pero todos tienen sus límites. Siempre debes estar consciente de que estás encontrando ese límite y no caigas en bromas crueles o malas.

**Quieren que escuches**

Esa mujer con la que estás hablando quiere sentir que no hay nadie más en la habitación. Deja ese teléfono, no mires a tu alrededor, y dale toda tu atención.

Parece bastante simple, pero a menudo no le damos a la gente la atención que se merece. Nuestras mentes pueden divagar y de lo que no nos damos cuenta es que nuestras expresiones faciales cambian cuando no nos dedicamos activamente a escuchar. La gente puede darse cuenta, y no quieres que una mujer con la que estás hablando se dé cuenta de que básicamente está hablando consigo misma.

## Mansplaining

Este es un nuevo término que está en la sociedad, pero no es un nuevo acto de ninguna manera.

El mansplaining es cuando un hombre sobreexplica o simplifica algo a una mujer de una manera que resulta condescendiente o, a menudo, incorrecta.

Una de las cosas que he aprendido en mis experiencias con las mujeres es a respetarlas. No intentes asumir que no son tan inteligentes como tú. No digo que no haya mujeres que no sean inteligentes, pero también hay tipos bastante estúpidos que deambulan por la tierra.

Los hombres necesitan darse cuenta de que las mujeres pedirán ayuda o una explicación si la necesitan. Muchas mujeres de hoy en día tienen títulos y carreras avanzadas, y se las arreglan para resolver las cosas por su cuenta. Lamentablemente, sigue siendo bastante común que los hombres sientan la necesidad de corregir a las mujeres, especialmente en temas relacionados con el STEM, incluso cuando saben que la mujer tiene la misma cantidad o más de conocimientos sobre un determinado tema que ellos. Incluso he visto a hombres que empiezan a ser condescendientes mientras "explican" algo a una mujer sólo para descubrir que es el área de especialización de esa mujer, y luego se doblan y se niegan a admitir que están fuera de lugar o equivocados.

Tal vez tenga algo que ver con el sentimiento de superioridad, pero no es necesario explicarlo. Recuerdo haber hablado con uno de mis amigos que ha pasado varios años trabajando en una investigación y desarrollo para una gran empresa. Me contó tantas historias de hombres que sentían que era su trabajo explicarle a una mujer cada pequeño detalle de una situación específica, ya sea que tuviera que ver con el trabajo o con el último partido de fútbol.

Aunque algunas mujeres pueden necesitar que se les expliquen estas cosas, nunca es una buena idea suponer. De hecho, con esta amiga en particular, ella tenía un mayor grado y comprensión del tema que los hombres que trataban de explicarle las cosas en exceso, y fue capaz de señalar varios casos en los que la información que le proporcionaron era errónea. Además, como ávida fanática del fútbol, fue capaz de mantenerse firme en eso.

Si la mujer necesita que le expliquen algo, lo pedirá. Nunca asumas que sólo porque es mujer, no entenderá lo que está pasando.

Así que, especialmente en las conversaciones, no quiere oírte tratando de explicar el funcionamiento de alguna máquina. Incluso si te pregunta sobre algo de lo que sabes mucho, no la aburras ni la insultes dando una conferencia. Asegúrate de que tampoco le hablas con desprecio a la mujer. Está bien ser apasionado por algo, pero si le estás dando un sermón a la mujer o parece aburrida, entonces es hora de pasar a un nuevo tema.

Algunos hombres incluso intentan explicar los sentimientos de una mujer. Si eso suena absurdo, es porque lo es, pero también sucede. Otra amiga mía me contó una historia sobre lo que le pasó en la universidad. Empezó a salir con un joven de una de sus clases, y un conocido mutuo de ellos empezó a hablarle un día sobre cómo le iba. Ella no estaba segura de tener química con el tipo y le explicó al conocido que, por razones personales, no sentía que él fuera la persona adecuada para ella. El conocido entonces procedió a decirle que ella no pensaba que mereciera amor y se sometió a una evaluación psicológica de aficionado para ella. No hace falta decir que esto la hizo sentir incómoda, y ella dejó de hablar con el conocido y rompió con el joven.

Para resumir, no seas idiota. No intentes explicarle algo a una mujer que claramente tiene más conocimiento de ello que tú, especialmente cuando ese "algo" involucra sus propias emociones. Igual de importante es que te asegures de que tus amigos varones no le expliquen cosas a las mujeres, especialmente a una con la que quieres hablar. Podría morderte en el trasero en su lugar.

En la siguiente sección, vamos al campo. Y si te gusta lo que has aprendido hasta ahora, o has encontrado beneficios, siéntete libre de dejar una reseña en Amazon. Realmente lo aprecio, ya que tus comentarios significan mucho para mí.

# Segunda parte: En el campo

# Capítulo 5: Esas primeras palabras

La ves al otro lado de la habitación. Es hermosa y exactamente tu tipo. Tienes el coraje, sabes de lo que vas a hablar, así que empiezas a caminar por el otro lado

¡¡ESPERA!!

Espera un segundo. Antes de que te acerques, ¿estás listo?

## Cómo te presentas

En ***Cómo Atraer a las Mujeres***, profundizo mucho en cómo desarrollar tu propio estilo, vestirte y cuidar tu apariencia. También cubro la higiene en ***Cómo Coquetear con las Mujeres***, pero si no, asegúrate de comprobarlo. Te ayudarán inmensamente.

Así que, antes de que salgas por la puerta, listo para conocer a alguien nuevo, te ofrezco un resumen de esta rápida lista:

- ¿El cabello se ve bien?
- ¿Cómo está tu aliento?
- ¿La ropa está planchada?
- ¿La cremallera no está abierta?
- ¿Sabes lo que vas a decir?
- ¿Cómo está tu mentalidad? ¿Es positiva y sólida?
- En serio, la cremallera no está abierta, ¿verdad?

¿Todavía no estás listo? ¿Por qué?

## Miedo

Es posible que quieras caminar y sentirte listo pero aún tienes miedo.

¿Y qué pasa si tienes miedo de ir a hablar con una mujer?

Bueno, en primer lugar, es normal. Estás emocionado, ves a una chica caliente, tu corazón late un poco.

Aquí está la respuesta corta:

**Conquístalo.**

Eso es lo que tienes que hacer. Ya sea que tengas que respirar profundamente y dar el salto o prepararte mentalmente, tienes que encontrar la manera de superarlo.

¿Cuáles son los miedos más comunes que podrías estar experimentando?

**¿Y si dice que no?**

El rechazo apesta, de verdad. No importa si es de una chica, un trabajo, o de cualquier lugar. No nos gusta sentirnos rechazados.

Pero, ¿y si lo hace?

Son unos minutos de tu vida. No es nada personal. No es que seas una mala persona o que ella piense que eres inferior de alguna manera. Simplemente no está bien. No hay nada malo en ello.

Si te rechazaron, piensa en ello como una práctica. Intentaste tener una buena conversación, algo de eso podría haber funcionado, otras cosas podrían haber fracasado. Así es como los seres humanos aprenden, de sus fracasos. Como discutimos anteriormente, parte de ser un hombre realizado es aprender de las cosas que salieron mal.

Ahora, la próxima vez (quizás incluso en unos minutos más) que hables con una mujer, tendrás un poco más de experiencia y conocimiento de cómo abordar la situación.

**¿Y si tiene un novio o es lesbiana?**

Aunque ambos son tipos de rechazo, descubrir que la mujer tiene una pareja y saber que es lesbiana puede ser tus propias formas especiales de vergüenza. Como con todo rechazo, no te lo tomes como algo personal. Realmente no dice nada sobre ti. Que ella tenga un novio no significa que sea tu culpa por no haber llegado antes, y que el hecho de que sea lesbiana no refleja tu masculinidad en absoluto.

Si quieres quedarte y hablar con ella sólo para ser su amigo, genial, ¡hazlo! Las amigas son increíbles. Pero si lo haces pensando que podrías hacerla cambiar de opinión sobre cualquier cosa, quítate eso de la cabeza ahora mismo. No lo harás, y si te haces amigo de una mujer con esa mentalidad, se enterará y no terminará bien para ti.

Lo importante es que no actúes como un idiota. Si la molestas después de que diga que tiene un novio o actúas homofóbico después de que descubras que es lesbiana, te morderá en el trasero. Las mujeres hablan entre ellas, y tu nombre se esparcirá. Pero si eres amable y dejas las cosas en paz, las mujeres te respetarán por ello.

**¿Y si se ríe de mí o me insulta?**

Las probabilidades de que esto ocurra son muy bajas. La mayoría de las mujeres no son crueles. Si no están interesadas, la mayoría de las veces van a ser educadas o al menos civilizadas.

Si se vuelve mala y se ríe de ti, míralo como una gran ayuda viniendo de ella. **Si esa es su personalidad y estilo, ¿realmente querías conocerla de todos modos?** ¿Por qué perder el tiempo discutiendo con alguien del que rápidamente te vas a dar cuenta que no es muy agradable? Ella realmente te hizo un gran favor.

## ¿Qué pasa si me pongo nervioso o ansioso en exceso?

Mientras más confianza puedas tener, más éxito tendrás, puede que todavía tengas un poco de nervios. Eso está bien. Siempre y cuando hagas lo mejor y seas amable, todo va a estar bien. Lo más probable es que, a medida que la conversación avance, te sentirás más cómodo y menos nervioso.

Y recuerda, las mujeres también se ponen nerviosas. Puede que se le trabe un poco la lengua al hablar también. ¡Eso es una buena señal! ¡Significa que ella siente la conexión y está contigo!

## ¿Y si digo algo estúpido?

Tal vez sí, tal vez no. La clave es no pensar en ello. Entra con la confianza de que puedes hablar con las mujeres y causar una buena impresión y eso es lo que pasará. Si dices algo que consideras "estúpido", no te preocupes demasiado por ello. Lo más probable es que se ría o no se dé cuenta de que ha pasado. Si lo hace, intenta salvar la conversación lo mejor que puedas.

Si las cosas terminan ahí, no es gran cosa. Sólo eliminalo y consideralo como otra experiencia de aprendizaje.

**¿Y si no está interesada en mí?**

Aunque probablemente no sucederá durante tu primera conversación, es algo que sucede. Sácalo de tu mente por ahora. Ni siquiera te conoce todavía.

No ha tenido la oportunidad de decidir, así que tienes que presentarte para que vea que puedes ser más que un amigo.

**¿Y si ella piensa que soy un asqueroso?**

Hay una forma fácil de evitar esto... no seas un asqueroso.

No hagas nada que le dé motivos para asumir que eres un asqueroso o un jugador. Habrá veces en que se te encontrará culpable incluso antes de que abras la boca y necesites probar tu inocencia, pero si sonríes, eres agradable y no dices nada grosero, podrás probarlo bastante rápido.

## ¿Es un buen momento para hablar con una mujer?

Una cosa con la que muchos tipos tienen problemas es saber cuando acercarse a una mujer. No buscan las señales antes de acercarse. No significa que no deban hacerlo; sólo significa que necesitan encontrar el momento adecuado.

### Cuando ella está en su teléfono

Obviamente, no te acerques y la interrumpas mientras hace una llamada, pero aunque si está enviando un mensaje de texto, tampoco es un buen momento.

No debes interrumpirla porque una de dos cosas va a suceder. Ella va a hacer esto:

- Pedirte que esperes mientras ella termina de escribir, lo que le da el poder sobre ti y puede desequilibrarte.

O

- Va a dejar de hacer lo que está haciendo y mirará hacia arriba, molesta, y también estará pensando en lo que estaba haciendo cuando la interrumpiste.

Ninguna de las dos es una buena opción, ¿eh?

Así que, espera. Puede que lleve un minuto, diablos, puede que incluso haya un par de falsos comienzos, pero habla con ella mientras sus ojos no estén en ese teléfono.

**Cuando ya está en una profunda conversación**

Tenía un amigo en la universidad llamado Randall. Randall era un chico muy agradable, pero era el tipo de chico que las chicas consideraban como un amigo y siempre lo pasaba mal en situaciones sociales.

Una cosa que Randall solía hacer cuando veía a una chica que le interesaba y que ya estaba en una conversación, era que se acercaba y se unía a ellos. Empezaba a escuchar la conversación y luego se unía.

Era un tipo muy inteligente y sabía mucho de muchas cosas, así que siempre tenía una opinión. Pero lo que siempre pasaba era que la mujer que le interesaba terminaba alejándose y Randall terminaba atrapado hablando con las otras personas con las que estaba en esa conversación. ¡Se perdía todo el tiempo! Y otras veces, se veía como algo grosero.

A veces podía alcanzarla y hablarle, pero aún así no funcionaba. Ya se había puesto en la columna de los no interesados por esa chica y era demasiado tarde.

Acércate a ella poco a poco o al menos cuando no esté en una profunda conversación con otros. Si te unes a la conversación, dirígela hacia ella y luego encuentra una manera de separarla del grupo. No dejes que se vaya por su cuenta. Si lo hace, únete a ella.

Si Randall hubiera aprendido esa lección, habría tenido mejor suerte.

## Cuando su cuerpo ya está diciendo "No"

A veces, una mujer no quiere que la molesten, pero no es evidente por qué. No está hablando con nadie, no está en su teléfono, y debería, aparentemente, estar abierta a acercarse. Pero incluso si las circunstancias te dicen que es un buen momento, su lenguaje corporal podría gritarte que no lo es.

¿Está evitando el contacto visual con todos? ¿Está sentada en la barra de espaldas al resto de los asistentes al club? ¿Encorvada? ¿Frotándose los ojos? Cualquiera de estos podría ser un indicador de que está molesta por algo, cansada por un largo día, que no quiere pasar la noche fuera, o cualquier otro sentimiento que diga, alto y claro, "No me hables". Puedes pensar que puedes animarla, pero lo más probable es que te ignore en el mejor de los casos, incluso te abofeteé.

## En algún lugar donde no se siente segura

Si ves a una mujer caminando por una calle oscura por la noche, probablemente no es el mejor momento y lugar para entablar una conversación. Ella no va a estar relajada y accesible y, honestamente, puede que sólo quiera escapar.

## Llamados a la acción

Hay momentos en los que tendrás que decidir si es un buen momento o no para acercarte a ella. La mayoría de las veces, probablemente te diría, ve por ello. No hay nada que perder, pero puede que tengas que poner un poco más de encanto.

### El Gimnasio

Es muy difícil conocer mujeres en el gimnasio. No quiero decir que sea difícil al punto que no pudiera suceder, sólo que debe hacerse con cuidado.

Las mujeres son acechadas **todo el tiempo** en el gimnasio. Lo veo cada vez que estoy allí. Y lo que he aprendido es que si tienen ganas de hablar con la gente, te lo harán saber.

Recuerda que aunque la mayoría de las mujeres se maquillan y tratan de verse bien cuando van al gimnasio, no significa que tengan ganas de hacerlo. Están sudando, se esfuerzan, no quieren tener una conversación o que alguien las juzgue, así que tienen que estar realmente interesadas y querer hablar contigo.

Tengo una cosa que llamo "La mirada conocedora". Déjame explicarte cómo funciona.

Siempre hay algún tipo en el gimnasio que está presumiendo o haciendo un ejercicio equivocado o generalmente llamando la atención. En mi gimnasio, hay un tipo que siempre está recibiendo llamadas de negocios mientras hace ejercicio. Les grita a los empleados mientras hace ejercicios a medias en el gimnasio.

Cuando hay una mujer cerca de mí que me parece atractiva y este tipo (o cualquier persona) está cerca, llamo su atención, le doy una ligera sacudida de cabeza, lo miro y vuelvo a ella. Se reirán o asentirán con la cabeza, pero se ha logrado una conexión. Podría hablar con ella después de que el tipo se vaya o seguir trabajando sobre ella dependiendo de mi humor o de lo linda que sea.

Otra buena regla, si los auriculares están puestos o su capucha está levantada, no quiere que la molesten. Esa es una señal universal de "No molestar".

**Trabajo**

En *Cómo Coquetear con las Mujeres,* hablé un poco sobre coquetear con bartenders, camareras y azafatas. Algunas de las reglas son las mismas para coquetear con cualquier mujer mientras está trabajando.

Recuerda que su jefe está ahí, está ganando dinero y ahora mismo, eso es mucho más importante que tú. Así que, necesitas juzgar la situación para ver si es el momento adecuado para entablar una conversación.

Si es tu camarera y la cafetería está llena, probablemente no sea un buen momento. Si las cosas están muertas y eres el único cliente del lugar, es un buen momento para tener una charla rápida, al menos lo suficiente para conseguir su número.

Si es alguien a quien ves regularmente pero sólo tienes un momento para entablar una conversación con ella, tal vez debas hacer una pregunta que pueda ser considerada hasta la próxima vez que te vea. Después de unos cuantos vaivenes, podrías hacer la siguiente pregunta, "¿Cuál es tu número de teléfono?" Puede que incluso se te adelante.

También debes tener cuidado si coqueteas con alguien de tu propio trabajo. Asegúrate de no monopolizar su tiempo. Sé breve y divertido. No querrás meterlas a ellas o a ti mismo en problemas.

**Funerales**

Honestamente, no hay razón para no hacerlo. Sin embargo, te sugiero que no intentes charlar con la hija del difunto o algo así. Sé respetuoso, y puede que sea el momento de sentar las bases para el futuro.

Sólo asegúrate de vigilar tu tiempo, lo que dices, y quién está alrededor. No querrás estar de pie junto a la viuda afligida mientras haces planes para ir a bailar.

## Ten un plan antes de acercarte

Puede que no sepas exactamente cómo va a ir la conversación, pero asegúrate de tener un plan antes de acercarte. ¿Sabes con qué vas a empezar? ¿Vas a comentar sobre ella o sobre el lugar? ¿Tu objetivo es conseguir su número, invitarla a salir?

No tienes que bloquear todo, y tienes que ser capaz de improvisar o cambiar tu plan dependiendo de cómo va y de la información que recibes, pero tener un plan básico y tal vez una copia de seguridad es vital antes de acercarte.

## Por qué las líneas de ligue no funcionan

La única manera de que las líneas de ligue funcionen es si se hacen en broma, e incluso entonces, hay maneras mucho mejores de acercarse a una mujer. Hay una mentalidad que va en contra de todo lo que he expuesto en este libro y en los otros. Te dices a ti mismo que necesitas una línea tonta para conocer a una mujer en lugar de mostrar la persona genuina que eres.

Una de las cosas que he cubierto es que a las mujeres les gusta un hombre en el que pueden confiar. Así que, si has creado alguna línea y estás tratando de hacerla pasar por quien eres, te has puesto como un mentiroso y has perdido su confianza antes de que ella lo sepa.

Siempre llegarás más lejos con una verdadera conexión humana. Tratar de usar una línea de trucos es sólo una manera de crear una ilusión de confianza y las mujeres eventualmente verán a través de eso.

## Iniciar una conversación

Digamos que hay una mujer con la que quieres hablar en una tienda. ¿Qué dices?

Bueno, en ese momento, hay tres categorías básicas:

- Puedes hablar de ti, lo que podría resultar un poco egoísta.
- Puedes hablar de ella, lo que podría resultar un poco espeluznante.
- O podrías hablar de dónde estás, que es algo común que te conecta.

Normalmente voy al lugar. Si es en una tienda, trato de encontrar algo que tengamos en común. En la tienda de comestibles, podría comentar que he probado el artículo que están mirando.

También puedes hablar de ella, pero es un poco arriesgado. Si paras a una mujer al azar en una tienda y le dices que crees que tiene un pelo estupendo, probablemente no saldrá bien.

Busca algo que puedas comentar para iniciar una conversación. Si estás detrás de ella en la cola de una tienda de comestibles y está mirando la portada de los tabloides, pregúntale si cree que la historia es real. Es un gran inicio de una conversación.

Toma nota de algo agradable donde estás y menciónaselo a ella. Siempre hay algo positivo y depende de ti encontrarlo.

**Pidiendo ayuda**

Intenta encontrar algo para lo que ella pueda tener la respuesta. Si estás en un evento, pregúntale si sabe dónde está una sala o un evento específico. Un pequeño consejo: no preguntes por el baño. No debes poner ciertos pensamientos de lo que haces a puerta cerrada en su cabeza.

**Pregúntale su opinión**

Pregúntale qué piensa sobre algo. Si estás en el supermercado y ella está mirando el mismo artículo que tú, pregúntale lo que piensa.

Si es alguien que conoces pero a quien nunca le has hablado, piensa si hay algo que tengan en común. Tal vez amigos o compañeros de trabajo. Siempre puedes decir, "Probablemente deberíamos conocernos, soy amigo de John..."

## La forma en que hablas

Cuando la gente se pone nerviosa, es normal que acelere un poco el habla y tartamudee. Sin embargo, incluso si es normal, no quieres mostrar esto.

Concéntrate en hablar despacio y con claridad. Empuja de a poco. A medida que empiece a hablar de ida y vuelta en la conversación, desaparecerá.

## Entonces, ¿dónde puedes entablar una conversación?

¿Listo para la respuesta? **¡En cualquier lugar!**

Siguiente capítulo.

Ok, estoy bromeando. Es verdad, sin embargo. Puedes conocer y hablar con las mujeres en cualquier lugar. Sólo tienes que aprender a aprovechar la situación y el lugar.

# Lo obvio

### Bares y clubes

Es una gran manera de conocer mujeres y hablar, y el alcohol ayuda. Dependiendo del tipo de bar o club y del nivel de música, puede ser difícil. Además, si buscas un tipo específico de mujer, puede que no siempre sea el mejor lugar para encontrarlas.

También recuerda que, como en el gimnasio, las mujeres se enrollan todo el tiempo en bares y clubes. Algunas mujeres incluso tienen miedo de ir a cualquier parte de estos lugares solas porque algunos hombres se vuelven muy agresivos con sus acercamientos, así que ten en cuenta que estarán al menos en pareja.

### Escuela

Esto es realmente obvio porque la mayoría de nosotros probablemente conoció a sus primeras novias en la secundaria o en el instituto o al menos interactuó con chicas. Este es uno de los mejores lugares para tener conversaciones con las mujeres porque normalmente es apropiado por la edad y porque ya han tenido experiencias similares.

Las escuelas también son grandes lugares debido al gran número de actividades sociales que a menudo se relacionan con la asistencia: eventos deportivos, eventos sociales, fiestas, salidas y clubes. Hay muchas actividades que pueden ayudar a crear un interés común y abrir oportunidades para conocer a las mujeres.

Incluso las clases mismas pueden ser un gran lugar para entablar una conversación. Sólo recuerda que a nivel universitario, la mayoría de la gente se toma más en serio sus estudios, así que elige con cuidado cuándo y de qué hablas.

Considera este escenario: llegas a clase unos diez minutos antes de que inicie. Hay un examen hoy, pero te sientes bien preparado. A tu lado en el pasillo hay una joven muy bonita con la nariz clavada en sus apuntes para esta clase. Decides iniciar una conversación y tratar de hablar con ella sobre el próximo examen. Le preguntas si está nerviosa, si cree que será difícil, si se siente preparada, pero todo lo que obtienes son respuestas de una sola palabra, asentimientos y el ocasional resplandor. Para cuando entras en el aula, ella no quiere tener nada que ver contigo y se sienta tan lejos de ti como sea posible.

Ahora, cambiemos esto y asumamos que no la molestaste antes de la clase. Pasas el examen y se te permite irte tan pronto como termines. Justo detrás de ti, la mujer bonita sale de la clase. No se distrae con sus notas, el teléfono o cualquier otra cosa, así que te acercas a ella y le preguntas qué contestó en una cierta pregunta. Te mira y te da su respuesta, que es casi la opuesta a la que has elegido, y tú bromeas sobre cómo te equivocaste. Te ríes y la conversación continúa fuera del edificio, terminando en que intercambias números de teléfono para que puedas organizar una sesión de estudio.

Fuera de los eventos sociales mencionados, conocer a las mujeres en la escuela puede ser muy difícil. Sin embargo, si sabes cómo programar tu acercamiento, puedes tener éxito incluso en la hora de la clase.

## Citas rápidas

Si te cuesta conocer mujeres en otros lugares o estás muy ocupado con el trabajo, estas pueden ser una gran manera de conocerlas.

Incluso una situación como la de las citas rápidas podría ser buena si te resulta difícil mantener conversaciones porque te obligará a practicar la conversación rápida. Te ayudará a perfeccionar tu presentación de quién eres, tus chistes más rápidos y tus historias.

## Lo no tan obvio

### Clase de gimnasia

Esto es diferente al gimnasio. Desde que pasaron por la experiencia de unión de la clase juntos, tienen algo de que hablar y compartir. Sólo ten cuidado porque a veces las mujeres son un poco reacias y se sienten un poco vulnerables cuando no creen que se ven bien. Personalmente, creo que las mujeres son increíblemente sexys cuando hacen ejercicio.

**Clase de baile**

Lo digo en serio. Piénsalo. En primer lugar, las mujeres aman a un hombre que sabe bailar. Además, te ayudará a aprender a moverte, lo que puede ser genial cuando se toca a una mujer. Imagínate cuando des esos impresionantes pasos de baile en la próxima boda a la que asistas.

A menudo hay más mujeres que hombres en la clase, por lo que es seguro que eres una mercancía valiosa.

Si tienes dos pies izquierdos, no te preocupes. Por un lado, las clases te ayudarán a mejorar en el baile. Puede que nunca ganes *Bailando con las Estrellas* o *Así que crees que puedes bailar*, pero aprenderás al menos algunos movimientos. Mientras tanto, puedes usar tu torpeza para burlarte de ti mismo de manera bondadosa. Puede que te rías y te ofrezcas para recibir "ayuda" adicional.

**Hacer una fiesta**

Llama a todos los que conoces, invítalos y diles que traigan a todos sus amigos y a todas las chicas que conozcan.

Cuando estaba en la universidad, se nos ocurrió una idea. Fuimos a la licorería local y conseguimos un enorme barril de cerveza mexicana. Luego lo colgamos en la pared de atrás para que fuera sólo una hoja en blanco.

Durante cada fiesta, teníamos gente que escribía su nombre y número y los contactabamos para la siguiente fiesta. La próxima vez, más personas firmarían. Y la siguiente fiesta y la siguiente. Dos años más tarde, el barril estaba cubierto con los nombres de muchas personas. Así que, cuando queríamos llamar a cierta chica, teníamos su número.

**Las palabras tienen valor**

Mark Twain escribió: "*Es mejor mantener la boca cerrada y parecer estúpido que abrirla y eliminar toda duda*".

Esto es muy importante y cierto cuando se interactúa no sólo con mujeres sino en la vida en general.

Lo veo todo el tiempo. Los hombres intentan impresionar a una mujer y divagar sobre los temas hasta el punto de ser repetitivos o tratar de completar la información que no tienen, creando historias (también conocidas como mentiras).

Es algo horrible porque no es culpa de nadie más que tuya. A veces es mejor escuchar y mantener la boca cerrada.

# Capítulo 6: Conexión y Química

No importa cuánto esfuerzo pongas en hablar con una mujer. Si no tienes algún tipo de conexión o química, no va a avanzar.

Como he dicho antes, a veces es instantáneo antes de que pronuncies una palabra, pero eso no siempre va a suceder. Sin embargo, puedes hacer cosas para que la atracción y la conexión sea más fuerte desde el primer momento en que te vea.

**Haciendo una conexión instantánea**

Hay varias formas de asegurarse de que te conectas con alguien. Se trata de hacer que se sientan cómodas contigo, como si tuvieras una historia que contar. Para ello, asegúrate de incorporar estos puntos al principio de la conversación:

**Escuchar**

Cuando la gente sabe que está siendo escuchada, es más probable que se sienta conectada a ti. Es universal. Todo el mundo quiere sentirse importante. Así que cuando reconoces que estás escuchando y comprendiendo lo que dice, eso la une a ti, ayudando a crear una conexión rápida y fuerte.

**Dar una fuerte primera impresión**

Cuando hables con ella por primera vez, asegúrate de que la entiendes lo mejor posible. Párate derecho, habla claramente y, por supuesto, sonríe. Cuanto más confiado estés, más impresión causarás.

**No quedarse en el extremo superficial**

Recuerda siempre que esta mujer probablemente ha sido acechada una docena de veces al día y la mayoría de los hombres que lo han hecho no tienen ni idea de lo que están haciendo. Necesitas diferenciarte, lo cual es fácil porque sabes lo que estás haciendo.

No seas superficial. No caigas en la charla trivial o en las líneas cursis. Sé realista. Ve directo a la conversación interesante y ella se impresionará y conectará.

**Ser inteligentemente inquisitivo**

Haz preguntas breves y buenas que pueda responder para poder compartir información sobre ella misma. Asegúrate de ofrecer preguntas inteligentes que continúen impulsando la conversación.

Asegúrate de no darle la vuelta a la conversación. Demasiados hombres tienden a tomar la pequeña cantidad de información que acaban de recibir y relacionarla con sus propias experiencias. Esto la alienará increíblemente rápido.

### Aprender de ella

Si te dice algo que no sabías sobre un tema, reconócelo. Dile que no lo sabías y que aprendiste algo. Agradécele. Esto causará una conexión.

### Llamarla por su nombre

Tienes su nombre, ¿verdad? Usando su nombre de forma natural, se crea una conexión. Pero no lo uses demasiado. Eso puede resultar un poco espeluznante. Sólo úsalo cuando sea natural en la conversación.

### Hacer comentarios genuinos

No llene la conversación con declaraciones genéricas y comentarios ensayados. Sé genuino sobre lo que hablas y tus intereses. Serás capaz de decirlo a menos que seas un actor increíblemente bueno. Si no eres genuino y funciona, volverá para atormentarte.

## No juegues al juego de ser el único

Una vez salí con una mujer que, cuando le contaba algo malo que había sucedido, siempre me contaba inmediatamente algo más de su vida que era así de malo o peor.

Finalmente le pregunté sobre ello (no mucho antes de que dejáramos de salir) y le dije que sentía como si no me estuviera escuchando. Ella dijo que sí, que era su forma de compartir lo malo y de compadecerse de mí.

Esa no es la forma de tener una conversación. Si alguien se abre a ti con algo que es un poco personal, está confiando en ti. Al lanzar tu propia historia, le dices que no te afecta lo que dice. Así que, escucha, haz algunas preguntas, tal vez dirije la conversación a otros temas si fue una historia difícil.

## …A menos que sepas cómo hacerlo.

Ahora que lo he dicho, hay momentos en los que lo harás para impresionarla. Sin embargo, nunca cuando es negativo.

Viajo a muchos países por trabajo, así que suelo tener algunas historias divertidas sobre lugares lejanos. Por lo que, si estoy teniendo una conversación con una mujer y estamos hablando de viajes, dejo que me cuente su historia favorita primero. Normalmente, es una historia sobre un viaje a un lugar genial, pero no necesariamente exótico o incluso internacional.

Muestro completo interés y luego menciono sin rodeos que es mejor que los lugares raros a los que tengo que viajar y hago otra pregunta sobre su historia, pero una muy superficial. Normalmente, ella la responderá pero estará interesada en saber por qué dije lugares extraños. Comentaré y diré que normalmente termino en lugares como Rusia, Asia o Sudamérica por trabajo. La mayoría de las veces, se olvidará de sus historias de viaje y querrá oír sobre los lugares que he visitado.

La idea es hacer que quiera saber más de ti, pero no forzarla ni tratar de superarla. Sólo tienes que hacerlo con suavidad.

## Humildad percibida vs. Abandono de sí mismo

Hay algunos chicos que usan un estilo de desprecio cuando hablan con las chicas. Piensan que una vez que se humillen, la mujer pensará que son humildes y comenzará a ver las cosas buenas en ellos mientras contrarrestan los malos comentarios. Esperan que la conversación sea algo así:

*Me gusta mucho tu cabello.*
**Ella:** *¿En serio? Nunca me ha gustado el color. Ojalá pudiera cambiarlo. Lo odio.*

Esto no funciona. Va a hacer una de dos cosas. O bien lo percibirá como una falta de confianza y te cerrará o sentirá lástima por ti y te fortalecerá, pero lo hará como tu nueva amiga.

Sé humilde contigo mismo, pero está bien ser orgulloso. Nunca te menosprecies. Puedes decir que hay espacio para mejorar en cierta área, pero no te hagas parecer un perdedor quejándote de lo que no te gusta de ti mismo.

## Diciendo "Lo siento"

Crecí diciendo que lo sentía. Me enseñaron que era lo correcto. Para mí, era aceptar la responsabilidad por lo hecho y porque debía disculparme. Me pareció correcto.

Pero a medida que crecía, empecé a oír de las mujeres que odiaban que los hombres siempre se disculparan. No lo entendía. Pensaba que eso era lo que las mujeres querían, que un hombre admitiera que estaban equivocadas. Quiero decir, bromeamos tanto sobre esto en la sociedad que se crean comedias enteras alrededor del marido que se disculpa constantemente.

Luego, cuando estaba en mi primer año de universidad, conocí a esta linda chica y coqueteé con ella lo suficiente para entablar una conversación. Me disculpé por algo y por primera vez, me explicó por qué las mujeres lo odiaban. Siempre se me ha quedado grabado.

Te disculpas cuando has agraviado a alguien a propósito o por malicia o falta de atención. Tiene que ser de un cierto grado de dolor o pérdida infligido. Usamos "lo siento" con demasiada facilidad en la sociedad moderna. Nos disculpamos por cosas que no hemos hecho, diciendo, "Lo siento". Usamos las mismas palabras para poner accidentalmente nuestro abrigo en la silla de alguien que cuando hemos herido físicamente a alguien causando un gran dolor.

Así que, cuando estés tentado a pedir perdón por una razón no muy buena, intenta otra cosa. Personalmente tiendo a mirar algo y decirle a la persona, "Esto no es bueno. Arreglemos esto". O algo similar.

No te disculpes demasiado. Para una mujer, esto va a sonar inseguro y una falta de confianza. Por supuesto, esto es algo que las mujeres también hacen. Todos pueden sentirse un poco nerviosos, y los frecuentes "lo siento" pueden hacerte sentir aún peor. Trabaja en tu confianza, y esto mejorará.

## Cómo ayudar a que la química se lleve bien

Ahora, voy a ser honesto contigo. Sí, puedes hablar con cualquier mujer y estos libros te darán todas las habilidades que necesitas. Sin embargo, el hecho es que habrá mujeres que no quieran hablar contigo. Puede que ni siquiera sea culpa tuya. Puede ser que estén ocupadas, mentalmente no interesadas en hablar, o que su mente esté en otra cosa.

Habrá momentos en los que no importa lo que hagas, la química no existe. No te sientas mal. Le pasa a todo el mundo, incluso a mí. No es una pérdida o algo que hayas hecho mal.

Sin embargo, otras veces la química está ahí, sólo está un poco enterrada o apagada. Depende de ti hacer que las cosas se muevan.

Hay cosas que puedes hacer para darle un empujón a la química:

- Asegúrate de que la conversación sea equilibrada. No la domines, pero tampoco te quedes callado. Mantén un buen vaivén haciendo preguntas y ofreciendo información sobre ti mismo.

- ¡Sé positivo! No te obsesiones con las cosas negativas ni transmitas historias y pensamientos negativos. ¡Mantente ligero y divertido!

- Asegúrate de que estás hablando en un lugar donde puedas tener una conversación. No intentes tener una conversación en un club de baile, al lado de un orador o parado afuera en el frío mientras está temblando. Tengan conversaciones en lugares donde sea cómodo y ambos tendrán ganas de quedarse y charlar un rato.

- No saques a relucir relaciones pasadas. Está bien mencionar a un ex, pero no te obsesiones con ello. Ella no quiere oír todas las malas experiencias de citas que tuviste. Si sigues hablando de tu ex, va a pensar que no la has superado. Puede que se unan por las malas historias de citas, pero no te quedes en el tema para siempre.

- Hazla pensar. Hazle preguntas y "¿y si...?" Eso hará que su cerebro se ponga en marcha y puede mover la conversación a un territorio estimulante. Ella quiere hablar con alguien que haga que la conversación sea memorable.

- Hazla reír. A todo el mundo le gusta reír. El humor es un gran unificador. Si la haces reír y descubres su sentido del humor, harás maravillas al crear una conexión entre ustedes.

**Compartir a través de los sentidos**

Las experiencias son importantes para tener una conexión. Sin embargo, no tienes que hacer muchas cosas para hacer una conexión.

Usa tus sentidos para compartir experiencias. Prueben la comida de cada uno (pidiendo permiso, por supuesto). Al compartir ambos la misma experiencia sensorial, ahora tienen una conexión que sólo tienen ustedes dos. Esa es una gran manera de acercarse.

La música también funciona. Si puedes encontrar una conexión común de una canción favorita, la química más profunda te unirá por encima de la música. Nunca subestimes el poder de la buena música.

**Comparte tus fantasías**

No tiene por qué ser esa fantasía que tenías con tu sexy profesora de clase cuando estabas en el instituto. No tiene que ser sexual en absoluto. Puede ser más sobre tus fantasías en la vida. Dónde te gustaría viajar, qué te gustaría hacer y lograr.

Sin embargo, si puedes dirigir la conversación hacia las fantasías sexuales sin ir demasiado lejos, es una gran manera de conseguir que se abra y confíe en ti, siempre y cuando le correspondas y le digas lo tuyo.

**Tocarla**

He hablado de tocar en este libro así como en *Cómo Coquetear con las Mujeres* y *Cómo Atraer a las Mujeres*, pero seguiré hablando de ello porque es increíblemente importante.

Los humanos son criaturas sociales. Ansiamos atención y afecto y parte de eso es el contacto humano. Si puedes hacer un contacto seguro y placentero con ella, se creará un vínculo.

Pero, de nuevo, debo enfatizar lo suficiente, para asegurarme de que debe ser un contacto adecuado. Tocarla inapropiadamente terminará la conversación más rápido de lo que te imaginas. Tienes que tomar tus indicaciones con la mujer, pero debes tocarla ligeramente en el brazo, en la parte baja de la espalda para guiarla, y otros toques similares pueden ayudarte a crear una sensación de intimidad con ella.

**Confianza**

Una de las partes más importantes de hacer una conexión con una mujer es la confianza. No sólo la confianza física de que no la vas a lastimar o que no vas a ser un asqueroso, sino la confianza de que estás escuchando y siendo honesto. Y que no estás buscando sólo sexo.

Sé lo que estás pensando. "Espera... qué... pero pensé..."

Mira, ella sabe que estás tratando de tener sexo. Todo el mundo quiere tener sexo, incluso ella. Pero lo que ella quiere saber es que no es sólo un número y que ya has empezado a verla como algo que has conquistado.

Incluso si sólo va a ser un rollo de una noche, quiere asegurarse de que va a poder salir sin ser herida y que todo fué honesto.

**Hazle saber que estás interesado**

Esto parece bastante simple, pero muchos tipos se equivocan. Lo escucho de muchas de mis amigas. Estaban hablando con un tipo y él era muy casual y la conversación no iba a ninguna parte. Pensaban que era guapo, pero no sabían que el tipo no estaba interesado en ellas.

Asegúrate de dejar algunos comentarios para que sepa que te gusta. No digas algo estúpido o demasiado atrevido. Juega limpio. Guíñale un ojo y dile algo como "Sabes, eres genial". Todo está en el modo de decirlo, como si tuvieras una revelación.

**Ley de Protección**

Esto no significa que marque su territorio. Significa hacer cosas que le permitan sentirse importante y protegida. Ayúdala a quitarse el abrigo y a poner un poco de caballerosidad en su camino. Demuéstrale que te importa, pero no vayas demasiado lejos.

**Mantenerte en el momento**

Hablar del pasado o de tu historia o de cosas que ya han pasado no es una buena manera de acercarte a ella. Debes estar en el momento, habla de lo que sea que esté pasando entre ustedes en ese momento. No retrocedas la conversación en el tiempo a algo que ya has discutido.

## Dale tiempo

Algunas mujeres sólo tardan más en hacer una buena conexión. Tal vez son un poco protectoras en su personalidad, o tal vez han tenido malas relaciones en el pasado y les toma un poco más de tiempo abrirse.

¡No es gran cosa! Si te gusta esta mujer y estás interesado en conocerla, entonces dale un poco de tiempo. Ve a algunas citas y deja que la conexión crezca.

Sin embargo, si estás llegando a la tercera o cuarta cita y es todo conversación y sin conexión, puede ser el momento de seguir adelante.

## Pregúntale su opinión

Intenta pedirle su opinión sobre algo. Puede ser pequeño o algo un poco más grande o más importante. Realmente depende de dónde estés en tu conversación y qué tipo de mujer es.

Asegúrate de que es otra inteligencia real. Si es médico o abogado, no vayas a buscar consejo profesional gratuito. Pregúntale su opinión sobre un evento actual o algo más en las noticias para obtener su perspicacia.

Al valorar su opinión, esto ayudará a aumentar la química entre ustedes y a continuar profundizando su conexión.

**Haz una apuesta divertida**

Haciendo una apuesta divertida, va a llevar su conversación a otro nivel. Asegúrate de que el ganador reciba algo divertido. Tal vez el perdedor tenga que contar una historia vergonzosa, o el ganador reciba un beso (siempre es una buena opción). Incluso si estás en una cita, sigue siendo un juego divertido.

**Secretos**

Una gran manera de hacer una conexión con una mujer con la que estás hablando es crear un vínculo a través de los secretos.

Lo que estás haciendo es crear tu propio pequeño mundo con esta mujer. Creando secretos que compartes, das pasos para hacer una conexión que nadie más que tú comparte con ella.

Hay varias maneras de hacer esto. Una forma que uso mucho para tener éxito es jugar una especie de "Yo Espío" en la habitación.

Mientras habla, observa a alguien en la habitación haciendo algo tonto y divertido. Dile que no los mire directamente, pero que empiece a hablar de la persona. Conviértelo en un juego, diciéndole finalmente que mire.

Uno que funciona muy bien para mí es encontrar a un tipo que parece que está ligando con una chica sin éxito. Juntos, tú y la mujer con la que estás hablando pueden empezar su propio comentario. Es divertido y también una forma de trasladar la conversación a ustedes mismos. Puedes hacer un comentario casual que esperes que te vaya mejor que a ese tipo. Si lo estás haciendo, ella te lo hará saber en ese momento.

## La gente que mira

¿Alguna vez te has sentado en un banco del parque, visto pasar a la gente, y has hecho una narración mental sobre los que te han llamado la atención? Entonces has jugado el juego de mirar a la gente. Es un pasatiempo divertido cuando estás solo, pero es aún más divertido cuando lo haces con otra persona. ¿Por qué no hacerlo con una mujer que te interesa?

Una vez, fui a tomar una copa con un par de compañeros de trabajo para relajarme después de una semana de trabajo particularmente larga. Cuando llegamos, nos sentamos en el bar, y me senté junto a una mujer que parecía estar allí con un par de amigos. En un momento dado, entablamos una conversación sobre nosotros dos bebiendo té helado en Long Island. La conversación comenzó a decaer, así que giré sobre mi taburete y empecé a observar a la multitud. Llegó un grupo de hombres y mujeres que parecía que acababan de salir del plató de *Mad Men*. Me incliné hacia la mujer con la que había estado hablando y le pregunté: "Oye, ¿qué crees que les pasa?"

Se dio la vuelta y se rió, y ambos comenzamos a dar nuestras teorías sobre esta gente extrañamente vestida, desde una boda temática hasta viajeros en el tiempo que fueron traídos accidentalmente por el Doc. Fue tan divertido que mis compañeros de trabajo y sus amigos se unieron, y pronto todos estábamos llenos de risas. Al final de la noche, tenía el número de la mujer.

Mirar a la gente es muy divertido y te da la oportunidad de conocerte a un nivel más profundo. Descubres el tipo de cosas que se le ocurren sobre la marcha, lo que la hace reír y lo creativa que es. También le mostrarás lo divertido e imaginativo que eres.

# Capítulo 7: Tener una conversación

Tener una conversación no es difícil. Las tenemos con docenas de personas mientras nos movemos cada día. Pero tener una conversación con una mujer que te interesa va a ser algo diferente.

**Temas**

Los temas van a depender de dos cosas: tú y ella. Necesitas aprender qué temas le apasionan y qué tan profundamente está interesada en profundizar en ellos.

Personalmente, soy un gran adicto a las noticias. Leo las noticias todo el día y a menudo sigo las historias a medida que se desarrollan. Me gusta estar al tanto de todo.

Ahora, hablo con amor a algunas mujeres también para estar al tanto de las noticias, mientras que otras apenas saben dónde encontrar Washington, D.C., en un mapa. Pero eso está bien. Eso sólo significa que evalúo la conversación.

A veces, estoy listo para una discusión política pesada con una mujer, mientras que otras veces, he leído un simple titular de un evento actual que ella encontró interesante, pero no porque quisiera saberlo, sino porque yo lo sabía y ella quedó impresionada por mi conocimiento. O simplemente me dirijo a algo totalmente distinto.

Por lo general, hay ciertos temas que son seguros de seguir hasta que aprendas un poco más sobre las mujeres.

**Mascotas**

No tiene que tener sus propias mascotas porque lo más probable es que haya tenido al menos una mascota que fuera su favorita. Si ambos comparten el tener mascotas, se abre todo un mundo de temas, especialmente si son del mismo tipo, por ejemplo como si ambos tuvieran perros.

Pero si uno de ustedes es una persona que ama los gatos y el otro es una persona que ama los perros, no te preocupes. En realidad es una gran oportunidad para tener un divertido debate sobre cual es mejor. Aunque nunca deben ceder en que lo de cada es mejor, no sean malos o crueles. Sólo sean juguetones y broméen un poco, pero el hecho es que ambos aman a los animales, así que nadie se equivoca.

**Viajes**

A la mayoría de la gente le gusta viajar o al menos les gusta el destino una vez que llegan. Puede que no haya dado la vuelta al mundo (o puede que sí) pero lo más probable es que quiera viajar más, como la mayoría de la gente.

Pregúntale dónde ha estado y adónde quiere ir. ¿Cuál es su lugar favorito en el que ha estado? ¿O cuál es el único lugar en el que no ha estado pero quiere estar?

Prepárate, te hará la misma pregunta, así que más vale que tu respuesta sea algo mejor que las vacaciones de primavera en Florida.

**Películas y televisión**

Es difícil encontrar a alguien que no tenga una película o un programa de televisión favorito, así que es un tema bastante seguro. Pero no te limites a lanzar la pregunta, "¿Has visto alguna buena película últimamente?"

**Alimentos**

Todo el mundo tiene una comida favorita, aunque sea una hamburguesa con patatas fritas. A todos nos gusta comer. Habla sobre qué tipo de cocina le gusta. ¿Tiene un restaurante favorito? ¿Hay alguna comida que siempre haya querido probar pero que aún no haya probado?

## Sé específico

No importa el tema con el que vayas, recuerda ser específico. Pregúntale cuál fue la última película que disfrutó o si hay algún programa que esté tomando. Deja de lado los genéricos y pasa a conversaciones más interesantes sobre significados más profundos en el cine o cómo los afectaron a ambos. Decir que algo se veía bien porque tenían grandes efectos especiales no va a ser suficiente.

## Cómo hablar con ella

### ¿Qué tipo de preguntas debes hacer?

Mientras le haces preguntas, quieres sonar como si acabaras de pensar en ellas. Además, cuando haces preguntas, no quieres que sean las que se tienen que pensar. Algunas personas no tienen una película o banda favorita y vas a tener que pensar y eso te distrae. Haz preguntas a las que la mayoría de la gente puede responder rápidamente. Esto podría incluir cuál es su color favorito, adónde les gustaría viajar, qué libros han leído recientemente y más.

## Seguimiento

Entonces le preguntaste dónde creció. "En Boston". Ahora tienes que tomar una decisión.

Puedes decir "Genial" y luego decirle dónde creciste. Encontrarás algo más de lo que hablar.

Tengo una idea mejor. Responde a la información que acabas de recibir. Habla sobre su ciudad natal. Sigue con una pregunta sobre: "¿Fue divertido?", "¿Vuelves a menudo?", "¿Te gusta?"

Si no quiere hablar contigo de ello, puede que te pregunte por tu ciudad natal. Esto hace que se interese por ti, además acabas de aprender que los recuerdos de la ciudad natal pueden no ser un gran tema.

- **Pregúntale sobre su tiempo libre.**
  ¿Lees? ¿Cuál fue el último libro en el que te metiste? ¿Deportes? ¿Pasatiempos? ¿Otros intereses?

- **¿Cuál fue la última película mala que viste?**
  Es un poco diferente y muestra que tienes sentido del humor.

- **¿Cuál es tu placer escondido?**
  Todo el mundo tiene esa película, programa de televisión, revista, o tal vez una cosa dulce que le gusta disfrutar. ¡Preguntaselo! Además, una nota al margen, meter al "culpable" ahí es una insinuación.

- **¿Cuál es tu tarea doméstica menos favorita?**
  Todo el mundo odia las tareas, es una verdad universal. Así que, no te estás volviendo negativo, y ustedes dos están compartiendo una experiencia.

- **Entonces, ¿cómo eras cuando eras una niña?**
  Esta es una forma de preguntar sobre su familia indirectamente. Si preguntas demasiado, puede que no quiera revelarlo tan pronto o, peor

aún, puede que te sienta como un intruso. De esta manera, ella no te dirá algunas cosas divertidas sin sentirse amenazada.

- **¿Cuál es tu mayor molestia?**
  Al igual que todo el mundo odia las tareas, todo el mundo tiene algo que le causa una molestia. Es un hecho de la vida. Normalmente, no es nada serio, de ahí el nombre de "mayor molestia". Es una forma juguetona de profundizar en el tipo de persona que es, e incluso podría abrir una oportunidad para algunas bromas de buen gusto. Sólo recuerde no burlarse demasiado de ella. Y si te encuentras haciendo lo que ella llama su "molestia", haz un esfuerzo consciente para parar. Ella apreciará tu consideración.

- **¿Qué fue lo mejor que te pasó hoy?**
  Gran pregunta porque la pone de humor positivo y es directa. No le

preguntaste secamente "cómo estuvo tu día", sino que le pediste que te dijera algo que le entusiasmara.

## Cómo escuchar

**Busca los puntos en común**

Busca las cosas que los dos tienen en común. Intereses, dónde creciste, dónde fuiste a la escuela, o dónde vives en la ciudad.

Sin embargo, no significa que tengas que ignorar las diferencias. Puedes encontrar algunos temas para hablar como acerca de lugares únicos y temas.

**No estés de acuerdo con todo sólo para ser amable**

Quieres encontrar cosas en común, pero no debes estár de acuerdo con cosas que no son verdad. Si a ella le gusta cierta banda y a ti no, no actúes como si lo hicieras, di que no te gusta.

Tal vez lo uses como una oportunidad para burlarte un poco de ella. No seas un imbécil al respecto, pero le demuestra que tienes una mentalidad propia.

**"¿Estás viendo a alguien?"**

Cuando la mujer pregunta esto, significa que están interesadas. No buscan esa información a menos que quieran saber si vale la pena seguir adelante.

**Deja ese teléfono!**

Ese teléfono no necesita estar encendido a menos que le muestres algo o consigas su número ("Por cierto, sólo digo... mientras esté apagado, por qué no me das tu número.")

**Contacto visual**

El contacto visual siempre es importante, pero especialmente cuando estás escuchando. Asegúrate de que estás comprometido.

Si te está contando una historia personal con una conexión emocional, el contacto visual ayudará a crear un vínculo contigo. Pero no lo hagas demasiado intenso y recuerda parpadear y mirar a otro lado de vez en cuando. De lo contrario, la mujer se sentirá incómoda e incluso podrías asustarla.

**No respondas hasta que haya terminado.**

Todos sabemos que no es educado interrumpir, pero muchas personas tienen el hábito de abrir la boca y prepararse para responder o añadir información a la conversación antes de que la otra persona termine de hablar.

No sólo es grosero, sino que les estás demostrando que no estás escuchando activamente en ese momento. Si lo estuvieras, no tendrías una pregunta lista para hacer a menos que terminaran. A veces la gente incluso señalará con el dedo a la otra persona hasta que terminen y puedan lanzarse a sus propios pensamientos.

Tuve una ex-novia que tenía su propia versión de esto. Le decía algo y ella se fijaba en algo que yo decía en las primeras frases y luego estaba lista con una declaración una vez que terminaba.

Intenté explicarle que no me escuchaba porque se concentraba en mantener ese pensamiento y no estaba abierta a nada más de lo que yo decía.

Así que no te centres en algo que necesites decir. Déjalas terminar y si es lo suficientemente importante, seguirá estando contigo o surgirá orgánicamente en tu mente.

**No cambies el tema**

Nunca decidas que tienes un nuevo tema que es mejor que el que ella estaba hablando. Un buen conversador puede ver lugares donde puede expandir los temas o dirigir la conversación.

Si vas descaradamente en otra dirección después de que ella diga algo, va a parecer extremadamente grosero y no terminará bien.

**Usar los mínimos estimulantes**

¿Sabías que los ruidos, mientras escuchas a alguien, tienen un nombre? Esos pequeños sonidos que haces se llaman estímulos mínimos.

Estos breves sonidos verbales en realidad animan a la persona que habla a continuar a elaborar.

Realmente funcionan en las conversaciones porque no son invasivas y le dan al orador la seguridad de que estás presente en la conversación.

**Repite lo que has oído**

Hay una práctica llamada escucha activa que, en términos sencillos, consiste en decir lo que has oído de manera que el orador sepa que lo has oído y que estás presente en el momento.

No debe parecer que los imitas, pero di lo suficiente para que sepan que lo entendiste. Puede que no quieras implementar esto todo el tiempo, pero si ella te está diciendo algo detallado o importante, es una forma de que sepas que lo entiendes y que ella lo sepa también.

**Cómo mantener la conversación**

Acabo de hablar del escuchar, que es una parte importante de mantener la conversación fresca y seguir adelante. Escuchando, puedes hacer más preguntas y mantenerla ocupada.

Cuando te haga preguntas, trata de agregar pedazos sobre otras historias. Podrías decir, "...y probablemente fue la segunda mejor vez que he estado en otro país", lo que la deja queriendo saber cuál fue la primera. Pero no lo ofrezcas, haz que te lo pida y acuda a ti.

Una buena conversación es como una película realmente apasionante. Se mueve a lo largo y sólo quieres saber más y lo que va a pasar a continuación. Si puedes crear ese mismo tipo de momento cuando estás hablando con una chica, ¡eres un completo éxito!

**Cuándo dejar que termine**

Hay veces que no tienes más remedio que terminar de hablar con una mujer sin tener la culpa. Puede que llegues tarde a una cita o que ella tenga que irse, aunque estés completamente comprometido. Si la conversación ha ido bien y has estado hablando de un lado a otro, es la razón perfecta para pedirle su número. Justo en ese momento.

Si la conversación está llegando a un final natural, tienes que tratar de empezarla de nuevo o conseguir su número. Podría ser el momento de ir por los dígitos.

## Señales de que no le gustas tanto

Le pasa a todo el mundo, pero no es algo malo, especialmente si aprendes las señales y cuándo es el momento adecuado para reducir tus pérdidas.

**Respuestas cortas**

Respuestas de una sola palabra y una actitud básica de no interés. Si te trata como lo hace un dependiente aburrido de una tienda de comestibles, probablemente no le gustes tanto.

**Respuestas vagas**

Si no responde a las preguntas, no te dará respuestas definitivas, o casi parecerá que está ocultando algo, está buscando una manera de salir de la conversación. Tu encanto puede ganársela eventualmente, pero debes decidir cuánto tiempo vale la pena. Podrías perder otra oportunidad increíble mientras sigues intentándolo con una mujer que no irá a ninguna parte.

**Ella ignora tus textos y mensajes**

Es bastante simple que si le gustas y quiere estar contigo, responderá a tus mensajes o textos. Un poco de tiempo es una cosa, pero si no sabes nada de ella durante días, los recibe y no responde. Podría ser el momento de considerar seguir adelante.

**Algo sigue apareciendo**

Ya sea que se trate del primer encuentro y ella siga distrayéndose con los amigos o el teléfono, o si tu estás tratando de programar una cita y ella sigue teniendo cosas que surgen y vuelve a programar o se desploma, quieres que alguien que esté emocionado se vea y hable contigo. Esta no es esa chica.

## Te miente en la cara

Esta siempre es divertida. He visto a chicos acercarse a chicas y ofrecerles comprarles una cerveza. Sonríen, dicen que no beben, y luego toman un largo trago de su propia cerveza.

Si, sólo están diciendo cosas para tratar de evitarte o ser amable pero negativamente, asegúrate de que te das cuenta. Algunos tipos se concentran tanto en lo que hacen que no notan estas señales de que no le gustan y que estan tratando de comunicarlo.

## Lenguaje corporal

He hablado mucho sobre cómo el lenguaje corporal juega un papel en el coqueteo, la atracción y la conversación. Es una de las primeras cosas que puedes decir cuando hablas con una mujer, le gustes o no. Si ni siquiera se vuelve hacia ti cuando te acercas o se cierra con los brazos cruzados, no le gustas tanto. Incluso evitar el contacto visual puede ser una señal de que está lista para seguir adelante.

El lenguaje corporal puede cambiar según la situación, así que puedes hacer que se caliente. Pero si ella se queda así o se mueve, no es algo bueno.

También recuerda que el lenguaje corporal está informado por la situación, la cultura de alguien y la persona. Por eso no debes sacar conclusiones basadas en sólo una o dos malas señales. Sólo procede con precaución y sabrás cuándo alejarte.

**Ella lo insinúa**

A mucha gente no le gusta el conflicto. Si ella siente que le gusta y no le corresponde, puede intentar adelantarse a usted con indirectas sutiles o no tan sutiles. Lo más común es la línea de "tengo novio", pero si no puede usarla por alguna razón, como ella o un amigo ya le han dicho que no, intentará otra cosa.

Puede que hable de cómo le gusta su carrera o de lo mucho que ha disfrutado "encontrándose a sí misma" siendo soltera. Si habla mucho sobre otros hombres, también es una buena señal de que no está interesada en añadirte a la lista.

Si la invitas a salir, puede que no quiera darte una respuesta definitiva, lo que es una verdadera señal de que no está interesada. Quiera o no, no debería ser algo en lo que tenga que pensar.

## Difícil de conseguir Vs. Aléjate de mí

Es cierto que las mujeres juegan, pero nosotros también. Todos juegan sus propios juegos cuando están saliendo y buscando el amor.

En ***Cómo Coquetear con las Mujeres***, hablé del método Push-& Pull que algunos hombres usan para coquetear y hablar con las mujeres. En resumen, es una forma de acercarlas (emocionalmente y a veces físicamente) antes de alejarlas. La idea es que el flujo causará que la persona se sienta más atraída por ti.

Las mujeres tienen su propia versión que los hombres suelen llamar "difícil de conseguir". En los viejos tiempos, había un chiste que se decía al salir con ciertas mujeres "Tus labios dicen no, pero tus ojos dicen sí".

Si intentas esto hoy en día, vas a arruinar tu vida. Si tienes suerte, te darán una bofetada. En el peor de los casos, podrías ser arrestado o expulsado socialmente como depredador sexual.

Sin embargo, las mujeres definitivamente se hacen las difíciles. Te harán trabajar por su atención a través de la conversación y demostrando que vales su tiempo. Sin embargo, hay una diferencia entre jugar duro y querer que te vayas.

Asegúrate de encontrar la línea del medio. No debes rendirte demasiado rápido porque podrías haber malinterpretado algunas señales o podría estar jugando un poco demasiado duro. Pero si realmente te está dando la espalda, se ha alejado, o incluso está teniendo una conversación con otra persona, date cuenta de que no es una buena pista y que es hora de seguir adelante.

Si todavía recibes bromas y sonrisas, lo más probable es que se haga la difícil. Sólo sigue adelante por un rato y si ella empieza a calentarse, estás dentro. Si no, es hora de cortar.

# Capítulo 8: Cómo dirigir una conversación

Realmente no es tan difícil dirigir una conversación a ciertos temas, lo hacemos todo el tiempo. ¿Cuántas veces has tenido una pequeña charla con alguien en un banco o durante una reunión antes de ir al grano?

Es el mismo principio con la dirección de una conversación, pero debes asegurarte de que la persona con la que estás hablando va a estar abierta al nuevo tema. Parte de esto se hace a través de la observación y la escucha y el resto está en la presentación.

Aunque obviamente es divertido y sexy hablar de sexo con una nueva mujer, también es una gran manera de aprender si terminan durmiendo juntos. Podrías obtener una pista de lo que le gusta y lo que no le gusta y puedes implementarlo cuando sea el momento adecuado.

**Prepara la bomba**

Empieza a usar palabras que establezcan las bases para hablar de sexo.

Decirle a una mujer que es sexy es más una sensación que su aspecto. Puedes decirle que es sexy y mirarla de manera que sepa que estás hablando de su aspecto. Puede que se lo tome como un cumplido, pero puedes hacer que signifique mucho más.

Amárralo a algo más profundo. Su risa, su sentido del humor, su forma de hablar. Esto lo hace mucho más profundo y menos superficial.

## Hablar de amor y pasión, no de sexo

Las mujeres responden al estado de ánimo y a la emoción, mientras que los hombres suelen responder a las señales visuales. Así que, si le dices lo caliente que pensaste que era una escena de amor en una película, probablemente no va a sentir la misma vibración.

Sin embargo, si le dices que te parece sensual y hablas de los personajes, se sentirá atraída y estará más abierta a discutir cosas de naturaleza sexual.

No querrás parecer un adolescente cachondo que vio una teta en la pantalla grande. Ella quiere un hombre, no un niño.

## Innuendo

Inuir es simplemente dar otro significado a una palabra que dices. Cuando lo conviertes en una insinuación sexual, es mucho más divertido.

Intenta con palabras como "duro", "ven", "mojado" o "húmedo". Frases como "...se deslizó dentro...", "Las cosas funcionan mejor cuando están mojadas", o "Se está poniendo duro" funcionan bien.

También puedes tratar de encontrar maneras de hacer una jugada con su empleo. Si ella es enfermera, podrías hacer un comentario de "enfermera traviesa". O tal vez es una maestra de escuela y podrías decir algo sobre su disciplina.

**"Tenía una amiga..."**

Trae un tema sobre alguien más.

Dile que tienes una amiga que tuvo un problema sexual o una historia y cuéntale. Asegúrate de que sea sencillo para que no te pregunte detalles y de repente te quedes perplejo.

Lo divertido de esto es que acabas de abrir una conversación sexual, pero como se trata de otra persona, se sentirá más cómoda para hablar libremente. Además, le estás pidiendo su opinión, así que estás aumentando tu conexión de profundización.

## ¿Y si la conversación se está estancando?

Podrías encontrarte con resistencia. Puede que no se sienta cómoda con el sexo, y después de intentarlo todo, no le gusta la conversación.

Sucede. Algunas personas mantienen su sexualidad muy cerrada. Eso no significa que no esté interesada en el sexo. Incluso es posible que sea una persona tan sexual que tenga que mantenerla bajo llave.

Si es tu primera conversación y no puedes dirigirla, está bien. Si es tu tercera cita, tal vez deberías reconsiderarlo. Esto podría ser una señal de que ella no está realmente interesada en ti.

No todo el mundo es una persona sexual. Hay algunas mujeres (aunque en mi opinión la pequeña minoría) que no son sexuales y sólo necesitan tenerlo una o dos veces al mes. Realmente se trata de la compatibilidad y lo que estás buscando. Discuto esto en profundidad en ***Cómo Atraer a las Mujeres***.

# Capítulo 9: Cómo superar la charla y obtener su número de teléfono

Llevas hablando unos minutos y parece que le gustas. ¿Pero te dará su número de teléfono? ¿Saldrá contigo?

En primer lugar, tienes **que estar en la mentalidad de que, por supuesto, ella lo hará.** No te ha dado ninguna razón para pensar que no lo haría, así que mantén esa positividad.

Tienes que creer que cada mujer que te interesa te dará su número. No es arrogancia. Es sólo un sentimiento de positividad y abundancia. Eres un tipo inteligente, guapo e interesante, así que no hay razón para que no quiera conocerte. Si operas en este nivel, irradiarás confianza.

Entonces, ¿cómo llevas la conversación a un punto en el que puedas obtener su número?

## Pequeña charla a conversación real

El mayor truco para pasar de la charla y la conversación casual a algo más significativo es validar sus intereses y llevarlos a una conversación más profunda.

Todo esto significa encontrar las pequeñas cosas en lo que dicen o hacen que pueden ser vistas como importantes por ambos.

Intentemos una situación hipotética:

Estás en una cafetería y te das cuenta de que una hermosa mujer espera su café a tu lado. Le das una sonrisa, ella te devuelve la sonrisa y tienes un buen contacto visual. Ella comenta el color de tu camisa y tú le das las gracias.

Justo cuando llega tu café, notas que tiene un bonito brazalete que es único. Comentas que es realmente genial. Ella sonríe, te da las gracias, y dice que lo consiguió cuando estaba viajando por Asia. Dices que suena genial y ella sonríe, se despide y se va.

¿Qué ha pasado?

Tuviste la oportunidad perfecta para convertir una pequeña charla casual en una conversación mucho más profunda. Ella te dio la apertura perfecta cuando dijo que consiguió su brazalete en Asia.

Esa es la oportunidad de tomar un poco de información de la pequeña charla y convertirla en una conversación que sea significativa. Viajar es una oportunidad perfecta. Cuando la gente hace un viaje, especialmente a otro país o parte del mundo, va a haber una conexión emocional. Estarán felices de compartirlo.

Si hubieras dicho algo como "Asia? Nunca he estado allí. ¿Cómo fue ese viaje?", habrías abierto la puerta para una conversación más larga y real.

Busca esas pepitas en la charla que pueden abrir a las mujeres.

## Preguntando por el número

Antes de que preguntes por ello, comprueba un par de cosas.

Busca el anillo en su mano izquierda. Asegúrate de que no se te haya pasado. No querrás darte cuenta de que estás ligando con una mujer casada. ¿Todo bien?

¿Dijo que está viendo a alguien? Algunos tipos piensan que si tiene un novio, todavía está dispuesta a divertirse. No está casada.

Creo que esto es una falta de respeto y te hace menos hombre. Si tuvieras una novia y un tipo tratara de hacer un movimiento, ¿cómo reaccionarías? Una cosa es que ella diga que tiene una, pero si lo sabes, aléjate. Trátala de la misma manera que te gustaría que trataran a tu propia novia.

**Asume que va a suceder**

Ten la confianza de que ustedes dos van a salir y divertirse. No digas, "¿Está bien si te invito a salir?" No necesitas permiso para pedírselo. ¡Sólo pídelo!

Sé específico. Di: "¿Cenarías conmigo?" o "Tal vez cenamos". Supongamos que acaba de tener una gran conversación y, por supuesto, querrá ver más de ti. Escoge un día tan pronto como puedas.

**Toma una foto**

Si estás en algún lugar interesante, ofrécele tomar una foto y enviársela por mensaje de texto. Tendrás su número. Si obtener su número no te parece correcto en ese momento, ofrécele publicarlo en Instagram y pregúntale cuál es su perfil y síguela. Luego etiquetar la foto y contactarla online.

**Usa lo que has aprendido**

Te apuesto a que te ha proporcionado al menos una docena de formas diferentes de invitarla a salir, pero ni siquiera te diste cuenta.

Mientras te cuenta cosas sobre ella misma, busca la información. ¿Qué ha dicho que ha querido hacer pero que nunca ha tenido la oportunidad? Probablemente no estés en posición de llevarla a París, pero si dice que nunca ha comido comida francesa, invítala a una cena francesa. ¿Quiere ver la nueva película dramática premiada que se estrenará la próxima semana? Dile que deberían ir juntos.

Durante tu conversación, la estás conociendo y la verdad es que te está diciendo exactamente qué hacer. Te ha dicho lo que le gusta y lo que no le gusta, así que sólo tienes que averiguar lo mejor para ella en ese momento.

Asegúrate de que es algo que puedes hacer de inmediato. Si dice que está emocionada por la salida de una película en seis meses, no es una buena idea seguir con eso. No quieres esperar seis meses para una cita. O si hay un club o restaurante que le interesa pero que aún no ha abierto, no esperes. ¡Encuentra tus oportunidades!

## Temas a evitar

### Tus ex

Aunque es común encontrar un terreno común con tus relaciones pasadas, esto puede volverse negativo muy rápidamente. En lugar de tener una experiencia positiva y disfrutar el uno del otro, van a surgir malos recuerdos en ambos lados. La conmiseración no es una conversación estimulante que excite a la gente.

### Trauma personal

A menos que estés hablando con esta mujer en algún tipo de grupo de apoyo, trata de evitar cualquier discusión sobre traumas personales pasados hasta que la conozcas por un tiempo. (Y si la conociste en un grupo de este tipo, recuerda centrarte primero en la curación y en formar parte de un sistema de apoyo para tus compañeros supervivientes, no en acostarte con la chica guapa de la mesa de aperitivos). El trauma puede ser un verdadero agente de vinculación y las mujeres quieren que seas abierto con ellas acerca de tus sentimientos, pero más tarde en la relación. Incluso los problemas de salud mental, algo que siempre debemos tratar de normalizar para que la gente no tenga miedo de buscar ayuda, deben esperar hasta que ustedes dos se sientan más cómodos el uno con el otro.

Hasta entonces, no uses esto para impulsar una conversación, aunque te proporcione la apertura perfecta. No debes asustarla.

**TMI**

¿Conoces ese comercial donde la mujer está en una primera cita con este tipo y cuando el tipo menciona lo incómodas que pueden ser las primeras citas, ella responde: "Sí, como mi estreñimiento"? Esperarías que este comercial sea sólo una exageración para un efecto cómico, pero te sorprenderías. Algunas personas realmente comparten demasiado en su primera conversación con alguien, especialmente si se ponen nerviosos o se quedan sin cosas que decir. Evita esto a toda costa.

Obviamente, las funciones corporales están fuera de los límites. También lo está el presumir de tus proezas sexuales o lo caliente que estás. Como dije antes, habla de amor y pasión, no de sexo. Además, esos argumentos no son algo que las mujeres o cualquiera quiera oír cuando te conocen. Qué asco.

Recuerda, usa insinuaciones, pero sé sutil. No seas como el TMI.

**Política y religión**

Con el tiempo, esto puede convertirse en una riqueza para una conversación, pero al principio, ten mucho cuidado al sacar a relucir la política y la religión hasta que sepas cuál es la posición de ambos.

No editorialices ni hables de tus creencias personales, especialmente de la religión. Si vas a la iglesia, dilo, pero no le hagas creer que eres muy aferrado y casi te conviertes en sacerdote. Si no eres religioso, no mientas diciendo que lo eres, en vez de eso, sólo tócalo diciendo que no eres tan religioso. Si llegas a la tercera y cuarta cita, entonces empieza a hablar de estas cosas. Pero no todavía.

**Deportes**

Puede que le gusten los deportes, pero la gran mayoría de las mujeres no quieren hablar de ello todo el tiempo y definitivamente no del desglose de los resultados de las cajas o cómo se puede recordar toda la alineación del equipo de béisbol de los Chicago Cubs, campeón mundial en 2016.

Probablemente va a preguntar si ves deportes y cuáles. Dile la verdad, pero no te detengas en ello. Está tratando de averiguar si es algo tan dominante que potencialmente le quitaría el tiempo que ustedes dos podrían pasar juntos.

Pregúntale si mira o disfruta de los deportes. A menudo las mujeres relacionan los deportes con eventos emocionales, como las salidas familiares a los juegos de la infancia o ver el fútbol los domingos con el padre.

Sin embargo, lo más probable es que lo conectes con ciertos eventos, como el regreso único de una estrella que viste o una jugada increíble o la vez que un jugador se lesionó y lo mostraron una y otra vez en la repetición.

Así que, encuentra tu conexión. Y nunca menosprecies otros deportes porque no son los que ves. No empieces a decir lo estúpido que es el golf o el fútbol porque podrías descubrir que lo hace todos los fines de semana. Incluso si tienes equipos rivales, no la menosprecies. Un poco de bromas de buen gusto está bien, pero asegúrate de mantenerlo bajo control.

## Último recurso

Si crees que nada va a funcionar y no sabes qué hacer...

¡Sólo pregúntale!

Sólo ve y pregunta, no importa cómo haya sido la conversación. Es una cosa muy simple de hacer y no tienes que llegar a ella. Si sientes que hay una conexión, entonces pregúntale.

A veces sólo necesitas arriesgarte.

# Capítulo 10: Cómo contar una historia, un chiste o simplemente tener una conversación

Hace años, hice unas cuantas noches de micrófono abierto en un club de comedia local porque quería superar los miedos que tenía de hablar frente a las multitudes. Trabajé unos minutos y me reí un poco. Definitivamente no era para mí, pero fue una gran experiencia.

Vi a muchos comediantes esas noches y aprendí mucho con sólo mirar. No todo el mundo es un gran narrador de chistes. Algunas personas son sólo narradores naturales. Pero si no eres tú, te tengo cubierto.

Para empezar, siempre conoce a tu público. Si te acercas a ella y tiene una cruz alrededor del cuello, no le contarás un chiste sobre un sacerdote travieso. Siempre cuenta chistes que sean apropiados para quien esté cerca. Si vas a contar un chiste sucio en una boda, asegúrate de que la niña de seis años no esté cerca escuchando.

Que sea breve e ingenioso. Asegúrate de que sea pertinente a la situación. Es muy raro contar un chiste sobre vacas después de que te contaran la historia de un accidente de coche cuando eras niño.

Hazlo bien. No debes arruinar un remate.

Intenta empezar el chiste como si fuera algo que realmente te ha pasado, y luego golpea con el remate.

Por ejemplo:

*"Estuve en el hospital durante seis meses, luego me echaron porque pensé que era un hotel."*

No te rías de tu propia broma, sólo ofrece una sonrisa irónica que sabes que es divertida.

## Tipos de humor

El sentido del humor de todos es un poco diferente, incluyendo a las mujeres. A algunas mujeres les gusta lo seco e ingenioso, a otras les gustan los chistes estúpidos. La mayoría son fanáticas de un poco de humor fuera de color e insinuaciones. Así que, si puedes averiguar qué tipo de sentido del humor tienen muy rápidamente, vas a tener mucho más éxito en hacerla reír.

También es importante que sepas cuando lo sacas a relucir. Si sigues y sigues diciendo lo gracioso que son Los Tres Chiflados y ella los odia, eso va a ser un golpe contra tu conexión instantánea.

**Seco e ingenioso**

A la mayoría de las mujeres les gusta el humor seco. Ser capaz de decir una frase sin sonreír es algo muy importante. Las mujeres definitivamente lo encuentran sexy. Se trata del control que tienes y el poco distanciamiento cuando se entrega una línea.

Debes ser capaz de hacer una broma seca sobre alguien mientras está parado ahí y no sabe que es el premio final para el humor seco. Es casi seguro que si una mujer lo oye, se acercará a ti y querrá mencionarlo.

**Divertirse en la vida**

Aquí es cuando buscas lo absurdo en el mundo. Riéndote de las pequeñas cosas que aparecen en la vida. Normalmente son bastante alegres y de un enfoque positivo de la vida. Una especie de reverso optimista del sarcasmo.

**Humor Negro**

El humor negro puede ser un poco... oscuro. Por lo general, son bromas sobre la muerte, el desmembramiento, o simplemente no la forma natural en que la sociedad ve las cosas. Puede ser divertido, y lanzar un chiste oscuro y tal vez incluso comentar después "Eh, fué un poco demasiado oscuro?" puede ser divertido.

**Humor con accidentes**

Humor amplio a menudo con el físico. A las mujeres les puede gustar esto pero normalmente no de sus hombres.

Una vez conocí a un tipo que era muy bueno en las cascadas. Podía caminar hacia las paredes, caerse y hacer que pareciera que se había lastimado. Solía intentar hacerlo para impresionar a las chicas. Lo hacía una vez y la chica gritaba, veía que estaba bien y se reía. Pero luego lo hacía un montón de veces y al final, ella se molestaba. Un grupo de nosotros finalmente lo sentamos y le dijimos que nos parecía genial lo que podía hacer y las chicas también, pero lo que lo hacía genial era que sólo lo hiciera una vez. Después de eso, no les gustó tanto.

Así que lo cambió y sólo lo hizo una vez. De hecho, él bajó toda esta rutina. Se golpeaba contra una pared delante de una chica y mientras ella pensaba que estaba herido y otros se acercaban para ver si estaba bien, le guiñaba un ojo para hacerle saber que era una broma. Creó un vínculo y después de que se había "recuperado", se acercaba a ella y le hablaba de su secreto. Tengo que darle crédito!

**Humor autodespreciable**

Este no es un tipo de humor que quieras usar mucho cuando hablas con mujeres. Debes construirte a ti mismo y esto puede parecer un mecanismo de defensa. No debess derribarte tu solo.

Puede que también tenga este sentido del humor pero te debes dar cuenta de que puede ser su propia medida de defensa. Por lo tanto, no es una buena idea acumular los chistes, y debes asegurarte de que cuando te burles de ella, ese no sea el tema a tratar.

## Referencias de la cultura pop

Todos lo hacemos hasta cierto punto, pero algunos lo hacen como si fuera un segundo idioma. No hagas eso cuando estés hablando con una mujer. Guárdate eso para pasar el rato con tus amigos.

Si vas a usar una referencia o una línea de una película como una broma, asegúrate de hacerlo de una manera genial. A menos que tengas la mejor impresión de Arnold Schwarzenegger del mundo, no hagas una voz cuando cites sus películas. Intenta meterlo en lo que dices con un poco de dramatismo.

Parte de la diversión es ver si se da cuenta. Si se da cuenta, te da la oportunidad de burlarte un poco de ella por el hecho de que lo sabía. Si es un superhéroe o una película de cómic, búrlate de que sea un friki secreto. Si es una comedia, búrlate de que pueda citar películas. Es un gran conector.

Y no hagas un tema de citas de películas todo el tiempo que hables con ella.

**Sarcasmo**

Este tipo de humor puede ser muy oscuro y mordaz. Un comentario sarcástico ocasional puede ser divertido, pero a la mayoría de la gente no le gusta pasar mucho tiempo con una persona sarcástica.

**Bromas inteligentes**

Estos chistes requieren, bueno, un contenido inteligente. Juegan con información sobre ciencia, matemáticas, literatura y otras áreas de la academia. Es un tipo de humor de nicho, así que debes ponerlo en reserva para cuando sepas que estás hablando con una mujer que lo apreciará. Y nunca cuentes un chiste inteligente que no entiendas. Incluso si no lo entiende, lo sabrá si no lo haces.

**Humor crudo**

Procede con cautela. El humor crudo es exactamente lo que parece: crudo. A algunas mujeres les gustará, a otras no, y a otras sólo les gustará (o lo tolerarán) dependiendo del entorno y la compañía. No asumas que todas las mujeres lo odian. De hecho, conozco a muchas mujeres cuyos chistes favoritos son crudos.

Aún así, no hagas de esto tu humor. Si lo usas sin estar absolutamente seguro de que le gusta, acabarás pareciendo un gran asqueroso.

## Identificando su sentido del humor

Comencé este capítulo diciéndote que conocieras a tu público. Esta es la clave para hacer reír a una mujer. Para hacerlo, sin embargo, necesitas saber qué tipo de humor tiene. Si no lo haces, podrías enfrentarte a grillos chirriantes después de pronunciar tu chiste. Y eso es sólo si no la ofendes sin querer.

Preguntarle directamente, aunque parece ser la forma más fácil, es también la más incómoda. Entonces, ¿qué deberías hacer?

El humor no es una ciencia exacta. No hay una forma exacta de saber lo que alguien encontrará divertido hasta que lo conozcas mejor. Incluso después de años de conocerse, el sentido del humor de alguien te sorprenderá. Pero hay algunas cosas en las que centrarse en una conversación para ayudarte a entender el sentido del humor general de una mujer con la que estás hablando.

**¿De qué se ha reído?**

Obviamente, de lo que ella ha reído mientras hablabas con ella es un buen indicador de lo que encuentra divertido. Presta atención a lo que dices, lo que ella dice, y lo que los que te rodean, si estás en un grupo, dicen que la hacen reír. A partir de ahí, deberías ser capaz de tener una idea aproximada de su sentido del humor.

Pero ten cuidado. Muchos malentendidos podrían sabotear este enfoque. A veces, la gente fuerza una risa para evitar una situación incómoda. Puede que no quieran herir los sentimientos de alguien o teman sentirse señalados porque no "lo entienden". Otras veces, las personas se ríen por nerviosismo o incluso por una sustancia que están tomando (lo que también sería bueno tener en cuenta).

Aún así, probablemente podrás saber si la risa es falsa, y si parece reírse del mismo tipo de cosas a lo largo de la conversación, es seguro decir que es algo que realmente encuentras divertido.

### ¿Qué bromas cuenta?

Al igual que tú serás más propenso a contar chistes que te parezcan graciosos, también lo serán las mujeres. Presta atención a sus chistes y te ayudarán a revelar su tipo de humor.

Pero no le repitas sus propios chistes. Puedes intentar lo que se llama una "devolución de llamada", de la que te hablaré más cuando hablemos de cómo contar una buena historia. Aún así, sólo querrás usar sus chistes como guía de su humor, no como un estricto reglamento.

### ¿Qué programas y películas le gustan?

¿Le gustan las comedias y las comedias romanticas? ¿Caricaturas para adultos? ¿Shows de sketches nocturnos? Lo que le gusta ver tanto en la pantalla pequeña como en la grande puede revelar mucho más sobre una mujer que sólo sus gustos en la televisión y el cine. Por ejemplo, si le gustan *Los Tres Chiflados*, probablemente prefiera las bofetadas. ¿Es *Bridesmaids* su película favorita? Su placer oculto puede ser el humor burdo.

Incluso sus preferencias fuera del género de la comedia pueden ayudarte a juntar sus gustos cómicos. Si le gustan las películas de terror, puede que le guste el humor negro. Una mujer a la que le gusta ver MTV apreciará las referencias a la cultura pop.

Como suele ocurrir cuando se trata de conocer a alguien, el truco para entender el humor de una mujer es mirar juntos todo lo que se aprende de ella. Sólo entonces te acercarás a la verdad sin preguntarle directamente.

## Practica siempre la variedad

Aunque creas que has descubierto su sentido del humor, no hagas ninguna broma o tipo de humor hasta la muerte. ¿Recuerdas a mi amigo con la rutina de la cascada? Usó demasiado su broma. Sin embargo, fue capaz de darle la vuelta e inventar un acto unívoco que lo hizo muy popular entre las mujeres.

Debes mantener el sentido del humor que más se alinea con el tuyo. De esa manera, tus bromas saldrán más naturalmente y te conectarás con mujeres que tienen un sentido del humor similar al tuyo. Pero también debes tener una rutina como la de mi amigo lista para cada tipo de humor, tanto para romper el hielo como para ayudar a continuar una conversación. Esto te permitirá ajustar tu enfoque dependiendo de la mujer y ser lo suficientemente variado como para mantenerla riendo, no poniendo los ojos en blanco.

Debes practicar tu(s) rutina(s) antes de incorporarla(s) a tus conversaciones con las mujeres. No suenes tan ensayado como un comediante, pero asegúrate de estar lo suficientemente familiarizado con tus propios chistes y rutinas para ejecutarlos sin problemas, con confianza y en los momentos apropiados. Pruébalos con amigas y familiares, y ellas te dirán si las rutinas y bromas funcionan o si sólo pareces un payaso.

Y recuerda, un poco de espontaneidad puede ser algo bueno, sólo asegúrate de que tienes confianza en tu improvisación antes de empezar, o de lo contrario terminarás con un huevo en la cara.

## Cómo contar una buena historia

### Personalízala

Encuentra momentos para hacer una conexión con ella, encontrando objetos que haya experimentado. Si le estás contando una historia sobre la escuela secundaria, conéctate con ella diciendo algo como "Recuerdas cómo era eso..." para conectarte sobre algo que ambos obviamente habrán experimentado como los casilleros, la clase de gimnasia o la cafetería.

### Averigua tu mejor par de historias y practica con ellas

Conocemos las mejores historias que hemos contado a nuestros amigos. Se reían o jadeaban y sabíamos que, tal como lo contábamos, los teníamos en la palma de nuestra mano.

Practica contando estas historias. Está bien contarlas en cada cita o cada vez que estés hablando con una chica. Cada vez, juega con la forma en que la cuentas. No cambies la historia, pero trabaja en inflexiones y pausas dramáticas. Te ayudará a convertirte en un maestro de la narración.

**Mantén ese contacto visual**

Eres la estrella de un espectáculo unipersonal y ella es tu público entusiasta. Mantén ese contacto visual mientras cuentas tu historia.

**Inyectar algo de emoción**

Encuentra los lugares donde puedes ilícitar la emoción creando una imagen vívida. Añadiendo una descripción, se involucrará más emocionalmente.

Ella está pintando un cuadro en su mente y tú estás proporcionando la pintura. Di "Me acuerdo..." y cuéntale los detalles. Eso también desencadenará en ella sentimientos de que eres observador y que recordarás cosas sobre ella.

## Asegúrate de que conoces tu historia

Como si fuera un chiste, la narración de historias está en la entrega. Podrías ser perfecto todo el camino y luego dar el giro, o tal vez te desvías hacia historias secundarias o una docena de otras maneras de arruinar un cuento. Sigue con la narración y conoce tu historia.

## La llamada de regreso

Una llamada no es lo que piensas. No tiene nada que ver con su número de teléfono o con llamarla. Se trata de cuando estás hablando y "devuelves la llamada" a algo de lo que ya has hablado.

Digamos que al principio de la conversación te dijo que tiende a ser un poco torpe. De hecho, a veces se llama a sí misma "Carla la torpe" por eso. Después de que ustedes hablan un poco, ella menciona que recientemente se lastimó de una manera muy tonta porque no estaba prestando atención. Entonces, dices algo como "Bueno, tiene sentido... quiero decir que eres Carla la Torpe".

Es un gran movimiento. Hiciste varias cosas. Primero, dijiste algo gracioso y ella se va a reír. Al burlarte de ella con humor, hiciste una conexión divertida.

También hiciste algo más. Usaste tu memoria e hiciste otra conexión personal que amplificó la experiencia. Usando la información y el nombre que ella proporcionó, le demostraste que no sólo escuchas, sino que procesas y entiendes lo que dice.

Puedes usar esta técnica de muchas maneras, pero ten cuidado de no clavarla en el suelo. Como con los chistes, las llamadas de regreso pueden envejecer. Si sigues usando la misma broma, va a empezar a molestarse y aburrirse contigo.

## Cómo jurar

Cuando era más joven, un año tuve un trabajo en los campos recogiendo cosechas para el verano. Fue uno de los trabajos más duros que tuve, y aprendí mucho sobre el trabajo duro, la determinación y el odio absoluto a tu jefe.

Mi jefe era un completo imbécil. Era arrogante y le encantaba darnos discursos inspiradores antes de que nos enviaran al campo con un cubo que llenar. Era la parte más molesta del día.

Sin embargo, aprendí una cosa de él que todavía creo hoy en día. No quería que sus trabajadores juraran. No le gustaba (era un hombre religioso) y no lo toleraba. Cuando juras, nos dijo, sólo estás mostrando a la gente lo pequeño que es tu vocabulario y lo ignorante que eres realmente.

Ahora, admito que definitivamente yo juro. Me gusta soltar una buena palabra de maldición de vez en cuando. También disfruto usando una palabrota como adjetivo de vez en cuando o como exclamación. Es un puntuador.

También está en la entrega. Cuando maldices o usas una bomba F de forma creativa y bajo control, obtendrás el efecto deseado. Usándola con moderación, crearás un poco de revuelo cuando lo hagas y le harás pensar que eres un sabio orador.

Sin embargo no salpiques tu conversación con palabrotas. Mi antiguo jefe tenía razón, te parecerá que tienes un vocabulario reducido y las mujeres pensarán que no sabes expresarte con palabrotas. También hay algunas a las que simplemente no les gusta.

**¿Y si lo hago por accidente?**

A algunas personas, tanto hombres como mujeres, les resulta difícil no decir palabrotas en determinadas circunstancias. Puede que te tropieces con un dedo del pie, se te caiga un vaso, te golpees la cabeza, casi cualquier número de accidentes físicos menores y sueltes una maldición. Si lo haces, no te asustes. No es el final de la conversación, incluso si está hablando con una mujer que desaprueba los insultos.

Primero que nada, discúlpate. No puedo enfatizar eso lo suficiente. Incluso si hasta ahora no ha mostrado ningún signo de tener un problema con las maldiciones, esta debería ser tu reacción automática cada vez que dejes escapar una mala palabra en público. Son sólo buenos modales. Pero no digas "lo siento". Como dije antes, "lo siento" se usa demasiado en la sociedad actual hasta el punto de perder todo el significado. En su lugar, di algo como "fue mi culpa" o "perdón, no debería haber dicho eso". Más que nada, ella apreciará tu voluntad de admitir que te equivocaste. Incluso podría decirte que no fue gran cosa.

Entonces, juega con ligereza. Ríete y di algo como: "Alguien debería traerme jabón para lavarme la boca" o "Nadie le dice a mi madre que tengo una boca tan marinera". Si estás en un bar o en algún otro lugar que sirva alcohol, podrías considerar la clásica entrega de "Supongo que he tomado demasiado". Si se maneja correctamente, podría dar lugar a algunas risas más y una oportunidad para que hagas bromas y llamadas más tarde. Incluso podría unirse y tirar algunas bromas de buen gusto.

# Capítulo 11: Lo que puedes aprender de otras fuentes que no sean ella

Aquí es donde se juega un poco el juego de Sherlock Holmes.

Claro, has estado escuchándola y averiguando cosas, pero hay otras formas de aprender.

**Su apariencia**

Las mujeres se enorgullecen mucho de su apariencia y de su estilo personal. Así que, en primer lugar, recuerda felicitarlas por el estilo, no sólo por la apariencia.

**Su bolso**

¿Es alta costura? ¿Es más bien una mochila? ¿Tiene una gran marca de diseño o marca registrada? El tipo de bolso que tiene dice mucho de ella. Alta costura suele significar alto mantenimiento y posiblemente una preocupación por el dinero y la moda. Un bolso normal significa que es una chica casual que le gusta más los chicos.

**Su ropa y sus zapatos**

Depende de dónde estés, pero la ropa que lleve te dirá mucho. ¿Está vestida para impresionar o se trata más bien de su propio estilo y comodidad? Si lleva ropa más ajustada, suele ser un signo de alta autoestima y de problemas corporales, lo que significa que es divertida y sabe lo que quiere. Probablemente es de pocos juegos.

A menudo una mujer (como un hombre) que usa ropa holgada tiene problemas con el cuerpo. No significa que no sean mujeres bellas, sólo que hay que tener cuidado con ciertos temas cuando se habla hasta que la conozcas un poco mejor.

Revisa sus zapatos, ¿se ven elegantes? Si es así, podría ser una fashionista.

Por supuesto, estos son sólo guías. Hay muchas mujeres que pueden estar sobrecompensandose, y pueden usar ropa ajustada a pesar de la baja autoestima. Del mismo modo, muchas mujeres usan ropa holgada porque se preocupan más por la comodidad que por la apariencia que por cualquier problema del cuerpo.

**Sus uñas**

¿Tiene manicura? ¿Son largas? ¿Son colores locos? Comenta y pregunta sobre ellas. Si son realmente locas y coloridas, normalmente significa que tienen un lado creativo. Pregúntale si es artística, ¡podrías haber encontrado la apertura perfecta!

**Sus joyas**

¿Es simple? ¿Ornamentado? Simple y con clase como las perlas puede decirte que tiene un refinado sentido del estilo, así que atiende a tu enfoque en consecuencia. ¿Es más artesanal con sus joyas? Probablemente es un poco más creativa con un amplio sentido del humor.

Asegúrate de felicitarla por sus joyas. Asegúrate de que es única y merece el cumplido.

**Cómo habla**

Puedes aprender mucho de alguien por lo que habla, pero ¿has considerado *cómo lo dice*? Escuchar cómo habla alguien es una forma muy útil de aprender sobre ellos más allá de lo que dicen. Es lo mismo para la mujer con la que estás hablando.

¿Habla de manera formal o informal? ¿En voz alta o baja? ¿Su vocabulario es complejo o simple? ¿Jura, y si es así, cuánto? Todo esto puede decir mucho sobre su personalidad, su nivel de educación, etc. Incluso se puede obtener una pista de dónde es ella en base a su acento. (Pero no confíes demasiado en estas suposiciones, es muy fácil mezclar acentos similares. Créeme, no debes preguntarle a una mujer de qué parte de Inglaterra es y que resulte que es Australiana.)

No es sólo su voz y su vocabulario a lo que deberías prestar atención. Vigila su lenguaje corporal, también. Y lo más importante, vigila sus *manos*. La gente habla con sus manos por muchas razones: si están nerviosas, excitadas, apasionadas por el tema, apasionadas por la persona con la que hablan, etc. Por lo tanto, mira sutilmente para ver cuánto habla con sus manos. Cualquier cambio en la conversación puede ayudarte a aprender más sobre ella y a ajustar tu estrategia.

Recuerdo que poco después de graduarme, me mudé a un nuevo edificio en apartamentos. Una de mis vecinas era una mujer hermosa de veintitantos años. Durante los dos primeros meses, nuestras conversaciones nunca fueron más allá de un saludo amistoso y tal vez una charla sobre el clima. Un día, durante una de estas discusiones sobre el clima, dejé escapar la esperanza de que todos trajeran sus mascotas adentro por el aviso de calor. De repente, se produjo una interesante transformación en mi vecina: sus manos, que hasta ese momento habían estado bastante quietas, comenzaron a moverse rápidamente cuando empezó a hablar de cómo odia que la gente no mantenga a sus animales a salvo. Me di cuenta de que los animales deben ser importantes para ella si se estaba animando tanto, así que decidí dirigir la conversación en esa dirección.

Eso se convirtió en la conversación más larga y significativa que habíamos tenido hasta ese momento. Me enteré de nuestro amor mutuo por los animales, de cómo había crecido en una granja, y de que era veterinaria en una clínica veterinaria cercana. Ambos teníamos que ir a trabajar pero estábamos tan ocupados en la conversación que intercambiamos números. Nada romántico salió de ello, pero hasta el día de hoy, mucho después de que nos mudáramos a diferentes ciudades, ella sigue siendo una de mis amigas más cercanas.

Si notas que mueve más las manos cuando habla de un tema específico, toma nota. Como con mi antigua vecina, probablemente significa que tiene una pasión particular por ese tema, y seguir ese tema te dará una conversación más significativa y productiva. Puede que incluso encuentres un interés común más rápidamente que sólo escuchando sus palabras.

**Donde la conociste**

Toma nota del lugar donde viste y conociste a la mujer. ¿Es un club o un bar? ¿O es un evento? No debes preguntarle si va ahí a menudo, pero intenta averiguar si es algo habitual que hace.

Si parece estar bien informada sobre el lugar o el evento, lo más probable es que sea de su interés. Mira alrededor si este parece ser el caso y vé si hay cosas que pueda discutir. Mejor aún, si sabes del lugar, hazle preguntas para que pueda explicarte las cosas. Le mostrarás que la respetas por su cerebro, no sólo por su cuerpo, y ayudará a profundizar la interacción.

## En internet

Siempre puedes verla en Facebook, Instagram y otras plataformas. La gente se refiere a ello en broma como "acecho por Internet", pero todo el mundo lo hace y es una gran herramienta para usar. Sólo ten en cuenta que hay una línea muy fina entre "investigar a alguien" y acecharlo de verdad. Si se siente mal o como en una invasión de su privacidad, detente. Es tu instinto el que levanta una bandera roja, y es mejor que no lo ignores.

Además, ten cuidado con LinkedIn porque puede mostrar a la persona que as visitado su perfil.

## Tus amigos

Usa esto con moderación, cuidado y, honestamente, con bastante habilidad. No querrás venir directamente a hacer preguntas. Intenta ser un poco astuto al interrogar a tus amigos, especialmente si no los conoce muy bien.

Si salen y te dicen algo sobre cómo te ha notado o está interesada, no te preocupes. Hazles saber que estás interesado pero no muestres demasiado interés. Lo suficiente para que sepan que eres genuino.

## Tus amigos femeninos

Si no tienes amigos que sean mujeres, deberías tenerlas. No me importa lo que digan las películas, los hombres y las mujeres <u>pueden</u> ser sólo amigos.

Puede ser un compañero de trabajo, la novia de un amigo o alguien que conoces. Nadie conoce a las mujeres mejor que otras mujeres.

No van a saber todo sobre cómo piensa cada mujer en particular, pero tus amigas pueden darte mucha información sobre por qué una mujer puede haber reaccionado a una cosa específica que tú hiciste o no hiciste o cómo puede reaccionar de manera diferente.

Toma como ejemplo a mi antigua vecina. Una noche, salimos a un bar popular entre gente de veinte y treinta años. Había una chica muy linda en el bar, así que me senté a su lado y empecé a charlar con ella mientras mi vecina se sentaba a un par de taburetes de distancia hablando con algunos amigos del trabajo. Pensé que las cosas iban bien, pero después de un tiempo, pude sentir que la conversación se estancaba. Seguí tratando de revivirla pero me di por vencido después de unos minutos y volví con mi vecina. Comencé a quejarme de que no entiendo por qué me resulta difícil congeniar con las mujeres cuando soy un tipo tan agradable. (Primer error: nunca tomes el camino del "tipo agradable" con las mujeres. Para ver por qué, mira mi libro, **Cómo Atraer a las Mujeres**).

Mi vecina decidió cortarme el paso y decirmelo directamente. Me señaló que había muchas señales de alarma de que la mujer con la que había estado hablando se sentía incómoda conmigo. Cada vez que me inclinaba hacia ella, ella se alejaba de mí. Cuando me acercaba a ella para coger unos cacahuetes del bol que estaba en la encimera, la mujer se encogía y se alejaba. Si alguna vez hablaba por encima del volumen normal de la conversación, ella se metía dentro de sí misma. Mi vecina me explicó que aunque no sabía con certeza por lo que había pasado la otra mujer, era evidente que tenía problemas con el espacio personal y los ruidos fuertes. Para mi vecina, eso indicaba que la mujer podría haber sufrido abusos o tener problemas similares en sus relaciones personales.

Si no hubiera sido por mi vecina, nunca habría notado esas sutiles indirectas. Como era una mujer, podía detectar signos obvios de incomodidad en la otra mujer e incluso llegar a una explicación razonable de por qué podría ser así. Ahora, no sólo presto más atención al lenguaje corporal de las mujeres, sino que las primeras personas a las que recurro en busca de consejo cuando una interacción con una mujer se ha ido al traste son mis amigas.

Las amigas son geniales para hacer preguntas y obtener la opinión de la mujer sobre las cosas. Habla con ellas. Usa sus conocimientos.

## Unas palabras de precaución

Recuerda, todas estas son sólo piezas del rompecabezas. No hagas demasiadas suposiciones basadas en uno o dos de estos aspectos solamente. Como Sherlock Holmes toma en cuenta cada detalle y cambia tus conclusiones con cada nueva pista, mira todo lo que aprendes sobre una mujer en conjunto. Si encuentras algo que parece contradecir tus creencias anteriores, ajusta tu visión de ella en consecuencia. Siempre hay más de lo que se ve a simple vista.

# Capítulo 12: Conversaciones online y por mensaje de texto

Gran parte de nuestra vida tiene lugar a través de textos, aplicaciones y online. Pagamos nuestras facturas, compramos y encontramos el amor.

Las reglas de las conversaciones online son un poco diferentes a las de persona a persona. A veces puedes empujar a los sujetos a un territorio más sexy, mientras que otras veces tienes que tener cuidado de que lo que escribiste no sea sacado de contexto.

Si puedes aprender a maniobrar a través del mundo digital, tienes la oportunidad de tener increíbles conversaciones llenas de coqueteo y diversión que te llevarán a citas y más.

## Mensajear

Los mensajes de texto son una gran parte de nuestra comunicación, pero con demasiada facilidad pueden surgir malentendidos. Muchos de ellos pueden evitarse siguiendo unas cuantas reglas.

**Mensajes de texto**

- Siempre comprueba lo que escribes antes de enviarlo. Es bueno revisar la gramática y enviar algo legible, pero tampoco quieres enviarle accidentalmente un mensaje cuyo significado haya cambiado porque hayas usado la palabra "sexo" en vez de "seis".
- Si no les has enviado un mensaje de texto antes, asegúrate de mencionar quién es en el primer mensaje.
- Menciona tus hábitos de mensajes de texto de manera casual. Házle saber si siempre

estás en tu teléfono o tiendes a dejarlo a un lado mientras haces las cosas. De esa manera, sabrá cómo tiendes a enviar mensajes de texto. Trata de aprender su estilo también.

- Guarda las grandes conversaciones para el encuentro personal. Planta algunas semillas con algunos coqueteos y comentarios, pero si tienes grandes preguntas o quieres profundizar en un tema, espera hasta que estés cara a cara.
- Está bien enviar una foto graciosa o una auto-imagen, pero no la abarrotes con una docena de ellas a la vez. Además, asegúrate de que estás vestido con cualquier foto que envíes.
- Adelante con la conversación. No te detengas en los temas o vuelvas a la misma línea o chiste.
- ¡Usa insinuaciones! Pero asegúrate de que sea inteligente y nunca grosero.

**Lo que no se debe hacer con los mensajes de texto**

- No la bombardees con mensajes de texto sin esperar una respuesta.
- No difundas tu mensaje en numerosos mensajes de texto. Sé conciso.
- No incluyas a la persona en los textos masivos. Es molesto para la mayoría de la gente, y mucho menos para alguien a quien intentas conocer. Todos en el texto masivo van a ver lo que el lector envía. El coqueteo, y cualquier cosa que tenga que ver con el sexo, puede ser visto por muchos, y esto puede causar mucha vergüenza.
- No te vuelvas loco con los emojis. Además, asegúrate de saber lo que significa la jerga antes de usarla.
- No arrastres una conversación de texto si no se están entendiendo. A veces sólo necesitas llamar a alguien para aclarar las cosas.
- No juegues al juego de la espera. Si recibiste un mensaje de ella, respóndele cuando sepas qué decir y ten una

oportunidad segura (como en "no envíes mensajes de texto y conduce").
- No te pongas sarcástico o demasiado seco con tu humor. Esto puede perderse fácilmente en los textos y debe ser guardado para las reuniones en persona.
- No le envíes mensajes de texto en medio de la noche. Algunas personas no apagan sus teléfonos porque necesitan estar accesibles. Mandarle un mensaje de texto en medio de la noche podría meterte en agua caliente.

Ten cuidado al enviarle un mensaje de texto a una mujer cuyo número conseguiste a través de un amigo en común. Las mujeres a menudo consideran esto como un movimiento bastante cobarde ya que se preguntan por qué no tuviste las agallas de acercarte a ellas y hablar con ellas en persona. Incluso podría ser interpretado como espeluznante y acosador. En lugar de eso, acércate a la mujer en persona primero y obtén su número directamente de ella. Ella apreciará que no estás jugando con ella y se sentirá mucho más segura hablando contigo en un mensaje de texto.

# Aplicaciones y sitios de citas

## Sitios de citas tradicionales (Match, OK Cupid, etc.)

Hay un montón de aplicaciones y sitios web diferentes por ahí ahora. Algunas son sobre la conexión rápida, mientras que otras son un poco más profundas y están pensadas para ayudarte a encontrar a "La Elegida".

La forma en que les hables será un poco diferente también. No se trata sólo de la aplicación o el objetivo, sino también de la mujer con la que hablas.

El coqueteo va a ser muy importante aquí. Normalmente se puede presionar un poco más con la insinuación después de unas cuantas idas y venidas, pero se debe ser astuto e ingenioso. No te limites a salir y decir cosas, insinúalo.

Asegúrate de permanecer en la conversación y avanzar de forma orgánica. No saltes de tema o hagas demasiados hilos de conversación a la vez. Si eso sucede y tienes tanto de lo que hablar, es una gran razón para establecer un momento para salir juntos.

No lo alargues demasiado. Si no has fijado una fecha después de unos días de charla, tus probabilidades van a bajar. Recuerda que ella sigue recibiendo mensajes de otros chicos mientras están hablando. ¡Si no avanzas, otro chico lo hará!

**Aplicaciones para citas (Tinder, Bumble, etc.)**

**Swiping**

Hay muchos enfoques para pasar por encima de estas aplicaciones. Uno de ellos es pasarle a cada chica para conseguir todas las coincidencias que puedas. Para hacer esto, tienes que pagar un paquete de membresía o estarás limitado a un cierto número de swipes por día. De esta manera, obtendrás más corazones y tendrás mayores probabilidades.

La otra es ir más despacio y leer realmente los perfiles y pasar por encima de la atracción física y mental hacia las mujeres. Tus probabilidades son menos que coincidencias, pero las que obtienes van a ser coincidencias reales basadas en tu atracción e interés.

Ya veo por qué la gente tiene a probar felizmente y no los culpo, pero tengo una razón por la que no creo que debas hacerlo.

Creo que las mujeres son realmente increíbles. Todas las mujeres. No quiero acostarme con todas, pero amo y aprecio todo de ellas. Creo que es parte de la razón por la que he podido aprender tanto sobre cómo interactuar con ellas. Creo que cuando golpeas a ciegas, no estás conociendo a las mujeres y dándoles el respeto que se merecen.

Puedes volverte "desensibilizado por la atracción" y perder parte de la emoción de la caza. Si realmente las encuentras a propósito y luego consigues una coincidencia, es un significado más profundo y más divertido. Tienes más inversión y vas a ir tras ella con más confianza y pasión. Y hemos hablado de cómo las mujeres reaccionan a eso.

Sin mencionar que acabas de crear una mentira y aún no las has conocido. Te van a preguntar... MARCA MIS PALABRAS... qué fue lo que te atrajo de su perfil. Así que, o les dices que estabas probando a ciegas o le mientes. No es una gran cosa para hacer.

- Envía tus mensajes rápidamente. No esperes ni te tomes tu tiempo. La velocidad es esencial. Las mujeres tienden a conseguir muchas invitaciones en Tinder, y si esperas, un montón de otros tipos van a llegar a ella primero.

- No uses un enfoque de "falso nervioso" en tu primer mensaje. Aquí hay un ejemplo de este enfoque:

  Hola, es um *mira hacia abajo a los pies* encantado de, um, conocerte. Ya sabes, eres, uh, realmente, ya sabes, bastante *risas nerviosas*. Vi que coincidimos aquí y pensé, bueno, que tal vez te gustaría hablar. *sudas profusamente*

Los hombres -y las mujeres, aunque eso es raro- que usan esto piensan que es "adorable" o "entrañable". Tal vez piensen que los hará parecer no amenazantes cuando, de hecho, contiene muchas banderas rojas, empezando por la falta de confianza. Esta tendencia parece estar aumentando tanto en el texto como en las aplicaciones de citas últimamente, y no es realmente lindo. Es molesto, un poco espeluznante y una pérdida de tiempo.

- ¡Asegúrate de leer su perfil completo! ¡Puede que tenga hijos, que busque algo específico, o que no sea una mujer! Hay un montón de personas transgénero en las aplicaciones y puede que no lo sepas. Busca pistas como el término "TS", "TG" o comentarios improvisados como "La Universidad de Manila (u otros lugares de Filipinas o Tailandia)".

- Llega a la cita, no esperes para siempre. Si no la has invitado a salir en unos días, lo más probable es que siga adelante. No buscan hacer amigos por correspondencia online, sino conocer a hombres como tú.

- Felicítala por otras cosas que no sean su apariencia. Tinder y otros sitios similares se basan en las apariencias, es sólo la forma en que está configurado. Pasas el dedo basándote en lo que ves y en unas pocas líneas de un perfil. Así que, la mayoría de los comentarios que las mujeres reciben van a ser muy superficiales. Destaca comentando otras cosas en la foto o en su perfil. Busca formas interesantes de comentar sobre su mascota, la ubicación, o lo que está haciendo en la imagen.

- Que sea divertido y coqueto. Al igual que los mensajes de texto, no hagas preguntas masivas y largas. Guárdate eso para tu reunión cara a cara.

- No hagas bromas sexuales de inmediato. Analiza el agua un poco y puede que incluso esperes hasta que te conozcas en persona. Sin embargo, si dice algo sexual (y las mujeres pueden ser muy atrevidas en las aplicaciones), no te asustes, devuélvele la insinuación.

- Nunca empieces una conversación diciendo sólo "Hola". Di algo interesante. Di algo gracioso. Haz que quiera escribirte.

- No le envíes un montón de mensajes antes de que tenga la oportunidad de responder. Envíale una linda introducción (con algún trasfondo divertido o coqueto) y espera a que responda.

- No crees una falsa realidad. Su foto puede ser preciosa. Puede sonar como si todos tuvieran los mismos intereses y fueran perfectos el uno para el otro. Pero no la construyas demasiado basada en una pequeña cantidad de información.

- Sabemos que la gente puede mentir en estos perfiles. Está bien exagerar un poco, pero fuera, las mentiras suceden. Si no lo hicieran, la pesca de gato no sería nada.

Así que, tampoco te dejes atrapar por una mentira.

- No llames a alguien que no conoces por un nombre que te parezca bonito. Nada de "nena", "bebé", "linda", "hermosa", "querida" y cosas por el estilo.

- Incluso si todo lo que escribió fue exacto, es sólo una parte de lo que es. Podría amar el mismo equipo deportivo que tú, así como la misma comida y ser hermosa, pero una vez que abre la boca en persona, podrías ser apagado por cada palabra que sale de su boca.

- Ofrece información pero no domines. Quieres tener una conversación que la lleve a interesarse y querer saber más, pero no puedes relajarte y esperar que haga todas las preguntas correctas. Ofrece pistas y migajas de información interesante para que ella venga por más.

- Así que, disfruta de la diversión de la conversación, pero no te involucres hasta que se encuentren personalmente.

**Si no sale bien, no seas un idiota.**

Una vez, estaba charlando con una mujer muy agradable en una de las aplicaciones y pensé que las cosas iban muy bien. Habíamos quedado para tomar un café y pensé que lo íbamos a pasar muy bien.

De repente, recibí un mensaje y me dijo que lo había repensado todo y que aunque yo parecía un gran tipo, iba a tener que rechazar la cita y terminar la conversación. Me deseó suerte y eso fue lo último que supe de ella.

Ahora, ella tiene todo el derecho de echarse atrás. No tengo ni idea de cuál fue su razonamiento. Podría haber tenido otra cita, decidir que no le gustaba tanto, que no le gustaba mi pelo. No tengo ni idea, pero no importa.

No te puedes colgar si una mujer se escapa. Tienes que seguir adelante. Nunca te enfades o te sientas herido y especialmente nunca te desquites con ella. No envíes mensajes amenazantes o digas que no sabe lo que se pierde. Actúa como un adulto. Puedes enviarles un mensaje agradable diciendo "Lo entiendo totalmente. No hay daño. Los mejores deseos en tu búsqueda!" Y eso es todo. Déjalo estar.

No puedes tomártelo como algo personal, especialmente en Internet. Nunca sabemos qué pasa realmente con la gente detrás de los teclados. Sólo sigue adelante. Recuerda siempre que cualquier cosa puede convertirse en viral. Si dices algo negativo en respuesta, esto podría convertirse en un hilo viral en las redes sociales, marcando tu perfil como un imbécil para siempre.

Honestamente, podría ser el momento equivocado. Podrías encontrarte con ella de nuevo y descubrir que no era nada sobre ti y puedes retomarlo justo donde lo dejaste.

Recuerdo una vez que el hermano de una de mis amigas pasó por una ruptura muy desagradable después de que su novia lo engañara. Habían estado juntos durante cinco años, vivieron juntos, los nueve metros completos, y no terminó limpiamente. Esto lo dejó deprimido y amargado con las mujeres en general durante mucho tiempo. En lugar de esperar a que se calmara y se tomara tiempo para llorar la ruptura, dejó que algunos de sus compañeros le convencieran de unirse a Tinder e intentar recuperarse (raramente es una buena idea). Se llevó bien con una mujer y se reunió con ella en una cafetería cercana. Estaba entusiasmado.

La noche anterior a la cita, recibió un mensaje de la mujer diciéndole que lo sentía pero que había "hecho un examen de conciencia" y que no sentía que "ahora es el momento adecuado para que vuelva a tener una cita". No es gran cosa, ¿verdad? Bueno, él no se lo tomó con tanta calma e inmediatamente le envió una serie de mensajes acusando a las mujeres de "ser todas iguales" y de ser un montón de malas palabras y compararla con su ex. Luego la bloqueó. Inmediatamente se arrepintió de su rabia, pero ya era demasiado tarde. Se enviaron instantáneas en la conversación por Internet, e incluso mi amigo le dio un espaldarazo a su hermano por lo que hizo.

Lo mejor es que en el hilo, la mujer mencionó cómo se lo había pasado muy bien con él. Para ella, era sólo cuestión de tiempo. Acababa de empezar un nuevo trabajo en una nueva ciudad y había estado en un estado de depresión, con mucha nostalgia. No quería ponerse demasiado seria con un chico hasta que se instalara cómodamente y estuviera segura de que no cambiaría de opinión y volvería a su ciudad natal.

Si el hermano de mi amigo se hubiera dado tiempo para calmarse antes de responder e ignorara su reacción instintiva, no habría sido tan maltratado entre las mujeres. Incluso podría haber tenido una segunda oportunidad con ella o podría haberse hecho buen amigo de ella si hubiera respondido con comprensión o, al menos, no como un imbécil.

Aunque esta es una reacción más extrema, no está lejos de ser la misma cuando se trata de las reacciones negativas que las mujeres rechazan online. Nunca se sabe lo que está pasando en la vida de alguien, así que no te tomes los rechazos en línea de forma tan personal y, sobre todo, no descargues tus propios problemas en la mujer que te rechazó.

# Capítulo 13: Cómo hablar con las mujeres de otros países

Viajar no es razón para dejar de hablar con las mujeres. De hecho, conocer y hablar con mujeres de otros países puede ser una experiencia increíble.

Incluso aparte de un posible romance, es una forma de aprender sobre el mundo, otras culturas, y practicar tus habilidades de conversación.

## Vivir en el extranjero

Como he dicho antes, he tenido el placer de viajar por todo el mundo. También he vivido mientras trabajaba en ciertos países durante unos meses. Si tienes la oportunidad, te lo recomiendo plenamente.

Si sólo quieres vivir en el extranjero por unos meses o tal vez un año, convertirte en un profesor de ESL es una gran opción. En algunos países, se paga muy bien y se te proporciona el viaje y el alojamiento, y todavía tienes mucho tiempo para socializar con los locales.

Si busca algo más aventurero, los cargueros y los portacontenedores suelen buscar tripulación a cambio de un salario, alojamiento y comida. Puedes cruzar el océano en unas dos semanas y media y tener suficiente dinero para divertirte o ir al siguiente puerto.

## Cómo acercarse a las mujeres en el extranjero

Esto va a ser diferente de un país a otro. En *"Cómo Coquetear con las Mujeres"*, discutí algunas de las diferencias en culturas y lenguajes corporales en otros países. Cada lugar va a ser diferente.

La forma más fácil es simplemente caminar con una sonrisa y decir hola. Mientras seas educado y modesto, lo más probable es que tengas una experiencia agradable.

Nota: asegúrate de que entiendes cómo funcionan las cosas en el país que visitas. Hay algunos lugares donde se considera impropio que las mujeres se acerquen o hablen con hombres extraños.

## Albergues

Dependiendo del lugar donde te alojes y de tu presupuesto y estilo de vida, puede que quieras considerar los albergues. Son una opción especialmente prudente en los países del sudeste asiático, como Tailandia, donde se desalienta y a menudo se ilegaliza el "begpacking", una técnica utilizada a menudo por los turistas occidentales que no tienen suficiente dinero para financiar sus viajes. Conocerás a gente de todo el mundo en el mismo lugar donde te hospedas, y muchos de ellos podrán ayudarte a hacer contactos sociales en la ciudad o a buscar amigos y salir.

A menudo hay muchos bares y clubes cerca de los albergues donde puedes conocer a tus compañeros de viaje y a los locales. Sin embargo, las habitaciones del albergue pueden no ser ideales si se presenta la oportunidad de traer a una chica a casa.

## Barrera del lenguaje

Una de las cosas que me gustan es que el inglés es uno de los idiomas más hablados del planeta. Así que, esto significa que las probabilidades son que cualquier mujer con la que quieras hablar sabrá al menos unas pocas palabras en inglés.

En la mayoría de los países, el inglés está muy extendido, especialmente entre los jóvenes. En muchos países asiáticos y europeos, hablan varios idiomas, incluido el inglés. A menudo también quieren practicar con un hablante nativo de inglés, ¡lo que significa que quieren hablar contigo!

Habla despacio y claramente para que ella pueda entenderte pero a una velocidad que sea cómoda y segura. La jerga no siempre se traduce, incluso cuando hablan en inglés. Al usarla demasiado, te arriesgas a que ella se aleje o se frustre. Además, recuerda que la jerga puede significar cosas diferentes en diferentes países.

Los libros de diálogos y frases son geniales, así como las aplicaciones para tu smartphone que ayudan a traducir. Además, asegúrate de comprobar las traducciones que haces online porque no siempre son exactas y pueden llevar a algunos errores de traducción embarazosos. Siempre me gusta asegurarme de que llevo un bolígrafo para poder dibujar algo de lo que estoy hablando. Otro truco es tener una aplicación de dibujo en el teléfono para poder hacer un boceto rápido.

**No grites**

Todos tenemos una horrible tendencia a hacer esto. Si no nos están entendiendo, en lugar de repetirlo lentamente y tal vez cambiar algunas palabras difíciles, lo decimos de nuevo más fuerte.

¡Esto es grosero y es una gran manera de terminar la conversación muy rápidamente! Incluso podrías asustar a una mujer haciendo eso. Repítelo despacio, pero no tanto como para que parezca que te estás burlando de ella. Sólo date cuenta de que están haciendo lo mejor que pueden. **¡Ofrece que te enseñen algún lenguaje y ríete si no lo consigue!**

**Asegúrate de que ella entienda**

No seas grosero, pero pregúntale amablemente si entendió lo que dijiste. Puede que no quiera admitir que no lo hizo y que sólo te deja hablar. Mantén tus frases cortas para que ella pueda hacer preguntas o para que repitas.

Además, ten cuidado de decir "¿Me oíste?" o cualquier variación donde digas "oír". En muchos países asiáticos, son muy literales. Dirán que sí porque escucharon el sonido de lo que dijiste, pero no significa que te entendieron.

**Usar el lenguaje corporal**

Mientras hablas, señala las cosas o haz movimientos que puntuen y respalden lo que dijiste. Pero ten cuidado, porque en algunos países, los gestos grandes se consideran muy groseros.

Revisa mi libro ***Cómo Coquetear con las Mujeres*** para obtener más información sobre cómo romper el hielo y qué gestos o lenguaje corporal hay que evitar en los países extranjeros. Además, en ***Cómo Atraer a las Mujeres***, hablo de lo que las mujeres en el extranjero encuentran especialmente único y sexy en los hombres extranjeros.

## Online

Definitivamente no te estoy diciendo que te encuentres con alguien online y luego viajes allí o podrías terminar con una sorpresa bastante decepcionante. Sin embargo, una vez que estés allí, puedes usar aplicaciones como Tinder para conocer a las mujeres locales.

Una vez que vean que eres de otro país, lo más probable es que se sientan muy intrigadas y te busquen directamente. Prepárate para explicarles por qué estás de visita, ¡y buscar sexo no es una respuesta!

## Mira a los hombres locales

Ve a una cafetería o un café y observa cómo los hombres interactúan con las mujeres de la zona. Tendrás una idea de lo que te espera, de lo que gusta y de lo que no.

## Pídele que sea tu guía

Una gran manera de conocer a una mujer en un país extranjero es preguntarle si puede mostrarte el lugar. Es una gran manera de tener una visión personal de una ciudad extranjera, pero también podrás pasar un tiempo de calidad juntos y tener algunas grandes conversaciones. ¿Quién sabe a dónde podrías llegar?

Cuando ella comparte cosas contigo, ayuda a crear una conexión personal, que puede hacer que las cosas avancen rápidamente.

**No asumas**

Hay estereotipos sobre las mujeres de diferentes países sobre si tendrán sexo contigo rápidamente o no. En mi experiencia, es parcialmente cierto.

Encuentro que las mujeres europeas han sido más liberadas sexualmente que otras regiones, y las australianas han sido muy buenas conmigo. Pero definitivamente he conocido algunas mujeres maravillosas de Rusia, Asia, Sudamérica y el resto del mundo.

La verdad es que si entiendes y respetas su cultura y haces una conexión personal, como con todas las mujeres, **todo es posible.**

## Viaja con cuidado

Además de tener cuidado de no ofender a las mujeres y evitar que se metan en problemas, debes estar alerta por tu propia seguridad. Si no estás alerta cuando hablas con mujeres en un nuevo país, avergonzarte a ti mismo podría ser la menor de tus preocupaciones.

Tenía un amigo que viajó a Grecia por negocios un verano. Tenía tiempo libre antes de su reunión, así que fue al mercado local y empezó a hablar con una chica guapa. Para cuando terminó e iba de camino a la reunión, le faltaba su cartera en el bolsillo trasero junto con sus identificaciones y más de 200 dólares en moneda local. El mercado estaba bastante lleno, así que no sabía quién lo había tomado o si la mujer con la que había estado hablando había estado involucrada. Después de mucho trabajo con la policía local, recuperó su cartera y sus identificaciones pero no el dinero.

Mi amigo tuvo suerte de haber recuperado la mayoría de sus cosas. Puede ser difícil, por decir lo menos, conseguir ayuda cuando estás en un país en el que nunca has estado, especialmente si no hablas el idioma. Y el robo no es ni siquiera la peor cosa que te puede pasar.

No estoy diciendo que nunca viajes o que nunca hables con los locales. De hecho, te harás un favor si haces esto. Viaja cuando puedas, habla con quien te interese, y experimenta cosas y conoce gente que nunca hubieras imaginado de otra manera. No sólo puedes conocer mujeres maravillosas en el extranjero, sino que tus historias en el extranjero también pueden ayudarte a conectar con las mujeres de tu país.

Sin embargo, mantén la guardia alta. Incluso cuando hables con una mujer hermosa, sé consciente de lo que te rodea. No mires constantemente por encima de tu hombro o parezcas sospechoso; eso hará que la mujer se sienta rara en el mejor de los casos, lo más probable es que la asustes. No te relajes tanto que seas un blanco fácil.

# Un último recordatorio antes de la conclusión

¿Has cogido tu recurso gratuito?

Se ha cubierto mucha información en este libro. Como ya he compartido anteriormente, he creado un sencillo mapa mental que puedes utilizar *inmediatamente* para entender, recordar rápidamente y utilizar fácilmente lo que has aprendido en este libro.

Si no lo has recogido...

**Haz clic aquí para obtener tu recurso gratuito**

Alternativamente, aquí está el enlace:

**https://viebooks.club/recursogratuitoma pamentaldecomohablarconlasmujeres**

**Obtén tu recurso gratuito ahora!**

# Conclusión

Por lo tanto, ahora deberías sentirte completamente seguro de tener una conversación con cualquier mujer. Todo lo que he expuesto en este libro me ha funcionado, y lo hará para ti, siempre que escuches y seas confiado y genuino.

Cuanto más comprometido estés en la conversación, más te beneficiarás. Las habilidades que has aprendido en esta guía te ayudarán a ver los mejores resultados al hablar con las mujeres. Puedes emplear a muchas de ellas en tu trabajo y en tus círculos de negocios.

Es un gran placer para mí compartir mis conocimientos contigo. Espero que leyendo estos libros, puedas aprender sin tener que pasar por lo que yo pasé.

El resultado final es este: Si tienes confianza en ti mismo y eres una persona genuina con una mentalidad positiva y una vida interesante, no tendrás problemas con las mujeres. Sólo sé lo mejor que puedas ser, ya sea un lobo solitario, un aventurero o un líder.

Me gustaría sugerirte que eches un vistazo a mis otros dos libros, ***Cómo Coquetear con las Mujeres*** y ***Cómo Atraer a las Mujeres***. Tienen una visión de cómo romper el hielo y coquetear, así como de cómo presentarse y hacerse tan atractivo como sea posible para las mujeres.

¡Mucha suerte, chico!

Sinceramente,

Ray Asher

P.D.

Si has encontrado este libro útil de alguna manera, una reseña en Amazon es muy apreciada.

Esto significa mucho para mí, y te estaré muy agradecido.

# Más libros de Ray Asher

Cómo Coquetear con las Mujeres: El Arte de Coquetear Sin Parecer un Loco Desesperado! Cómo Acercarse, Hablar y Atraer a las Mujeres (Consejos De Citas para Hombres)

# Cómo Coquetear Con Cualquier Mujer Con Éxito - <u>La Guía Definitiva</u>

*¿Estás descontento con tu vida amorosa?*

*¿Anhelas la atención femenina y el sexo, pero no los obtienes?*

*¿Secretamente te sientes poco atractivo por algunos rechazos que has enfrentado en el pasado?*

**Si quieres dejar todo esto en tu vida, entonces sigue leyendo...**

Las investigaciones muestran que la mayoría de las mujeres, incluso las que parecen duras, buscan secretamente el romance.

Pero no importa cómo te veas, cuánto dinero tengas, o cuán musculoso sea tu cuerpo... si no sabes **cómo <u>coquetear</u> con las mujeres**, aparecerás como:

- Necesitado
- Desesperado
- Aburrido
- Con una falta de inteligencia social
- Simplemente ...poco atractivo.

El coqueteo es el arte de la charla trivial. Incluye mucha diversión, habilidades de conversación fluida y una gran inteligencia social. De hecho, con las palabras correctas, la tonalidad correcta, y el "acercamiento" correcto - puedes hacer que CUALQUIER mujer se sienta altamente atraída por ti.

En este libro, **Ray Asher te mostrará cómo coquetear como un profesional**.

Ray Asher solía ser un adolescente introvertido que no tenía el valor de acercarse a las chicas. Empezó a salir con una chica que le gustaba en la universidad, sólo para descubrir que ella lo engañaba regularmente. Su dolor lo llevó a salir cada día y cada noche, a hablar con las mujeres y a descubrir qué las atrae. Después de miles de rechazos, unas pocas "amigas con beneficios" y muchas notas - descubrió el poder del coqueteo, y decidió compartir su conocimiento con cualquier hombre que desee ser bueno con las mujeres.

**Este libro es la guía más completa que se ha escrito sobre el coqueteo.**

# Aquí tienes una muestra de lo que descubrirás dentro de *Cómo Coquetear con las Mujeres:*

- Exactamente qué decir para tener una conversación coqueta y divertida
- Trucos de tonalidad que te hacen parecer seguro, divertido y carismático
- Cuatro principios cruciales de coqueteo que funcionan para todas las mujeres de todas las culturas
- Cómo crear un marco de "líder" en cada conversación que tengas con las mujeres, y hacer que te respeten
- Las palabras y gestos EXACTOS que impresionan a las mujeres
- Cómo enviar un mensaje de texto a una chica y cómo coquetear online (con consejos detallados para cada red social)
- Técnicas para hablar con las mujeres en diferentes lugares y situaciones sociales (en el trabajo, en los viajes, en los

restaurantes, en los mercados de agricultores, etc.).

Y mucho, mucho más...

***P: "¿Pero cómo puedo estar seguro de que este libro funcionará para mí?"***
*La información de este libro fue escrita a partir de la experiencia, y se demostró que funcionaba para personas de todo el mundo. El coqueteo es simplemente una forma de transferir emociones sexuales, puede funcionar en cualquier idioma con cualquier mujer. Los lectores que han probado la información de este libro quedaron impactados al ver lo efectivo que es, incluso aquellas vírgenes y aquellos que nunca se acercaron a una mujer antes. Si ellos pueden hacerlo - ¡Tú también puedes! Sólo compra el libro, lee la información y EJECUTA!*

Si estás listo para aprender finalmente el arte de coquetear con las mujeres y convertirte en un chico atractivo, ahora es el momento.

Cómo Atraer a las Mujeres: Disfruta el Tener Citas y Relaciones Sin Mucho Esfuerzo! Atrae a las Mujeres Sabiendo lo Que Buscan en un Hombre (Psicología Femenina para Entender a las Mujeres)

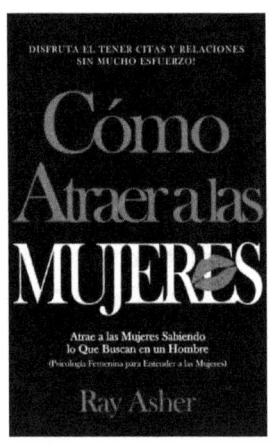

## ¿De Verdad, De Verdad, Sabes lo Que las Mujeres Buscan en un Hombre?

*¿Estás soltero en contra de tu voluntad?*

*¿Luchas para atraer a las mujeres?*

*¿Sientes que todas las mujeres que te gustan están fuera de tu alcance?*

**Si quieres dejar todo esto en tu vida, entonces sigue leyendo...**

A las mujeres no les importa esa elegante frase para ligar que has encontrado en Internet. No quieren que las pongas en un pedestal y las adores ciegamente.

Sin embargo, hay comportamientos y habilidades que las atraen como las flores atraen a las abejas - y a menudo no son los comportamientos que TU piensas que son sexys.

Cuando Ray Asher empezó a salir, no era popular entre las mujeres. Trató de ser amable, ser malo, jugar juegos, usar la última moda, memorizar sofisticadas líneas de ligue... pero nada funcionó. ¡Por lo tanto, comenzó a estudiar a las mujeres para descubrir lo que REALMENTE buscan en un hombre... y llegó a muchos descubrimientos sorprendentes!

En *Cómo Atraer a las Mujeres*, descubrirás los secretos para atraer a las mujeres de todas las ciudades del planeta, crear una fuerte tensión sexual con las mujeres más calientes del mundo y construir una relación con la mujer de tus sueños!

## Aquí tienes una muestra de lo que descubrirás dentro de *Cómo Atraer a las Mujeres:*

- Las mujeres quieren un buen tipo, no un tipo bueno. ¡Aprende la diferencia y muéstrales a las mujeres lo bueno que eres!
- Algunos de los comportamientos que llamarías "masculinos" en realidad asustan a las mujeres, ¡conócelos y aprende de ellos!
- Las mujeres se sienten atraídas por ciertas habilidades y aficiones - aprende exactamente qué habilidades vale la pena practicar y demostrar

- Descubre el único método probado para matar la ansiedad de la aproximación de una vez por todas
- Entrénate para tener confianza en ti mismo - sólo lee la guía paso a paso, ponla en acción y disfruta de la confianza alrededor de las mujeres!
- Comprende cómo enviar mensajes de texto y comunicarte de manera seductora
- Descubre lo que las mujeres realmente disfrutan en la cama y evita los errores que podrían arruinar tu relación!

Y mucho, mucho más...

Las vírgenes se convirtieron en muestras de la recolección... de los rompecorazones por encontrar el amor de sus vidas... amigo que te han dejado en la *friend zone*... este libro te dará todo el conocimiento que necesitas, todo lo que tienes que hacer es EJECUTAR.

¿Puedes imaginarte tu vida con confianza y abundancia de mujeres? Si un hombre lo hizo, entonces tú también puedes. Ahora es tu momento.

CPSIA information can be obtained
at www.ICGtesting.com
Printed in the USA
LVHW051531160523
747146LV00030B/695